올챙이를 산란하는 비요일

J.H CLASSIC 101

올챙이를 산란하는 비요일

이서빈 시집

지혜

머리말

神이 인생 사용 설명서를 동봉해 주지 않아
틈만 나면 인생 사용
목적어를 찾기위해 두근두근

그냥,
서성이다
서성거리다
서성거렸다
어룽어룽 사라지고 말

청맹과니로 살 뻔한 생
마음심지 낮추고 보니
개구리가 눈속에 붓다의 염주알 굴리며
올챙이의 무사함을 비는 게 보였다

올챙이국수가 되지 말고
제발, 개구리가 되라고

기형적인 생각 바퀴를 굴리며
책숲에서
철딱서니 없이 오늘도 신나게 뛰어놀고 있다

2025년 늦가을 용마산 기슭에서
이서빈

차례

머리말 ——————————— 4

1부 올챙이를 산란하는 비요일

올챙이를 산란하는 비요일 ———— 12
길이의 슬픔 ————————— 14
지렁이 하혈하는 밤 —————— 16
포기 ———————————— 18
하얀증발 ——————————— 20

2부 어쩌다, 라쿤

어쩌다, 라쿤 ————————— 24
항명 ———————————— 26
새치 ———————————— 28
껍질 벗긴 거짓말 ——————— 30
헛꽃 ———————————— 32

3부   한바탕 일기

한바탕 일기 ——————————— 36
벌의 일기 ———————————— 38
푸른말 —————————————— 40
얼빠진 말 ————————————— 42
2인분 고독 ———————————— 44
지구 해열제 ———————————— 46

4부   무지개 맛 행복 요리법

무지개 맛 행복 요리법 ——————— 50
와불臥佛 ————————————— 52
여백 ——————————————— 54
헛 ———————————————— 56
슬픔 활용법 ———————————— 58
어떤 여행 ————————————— 60

5부 홀딱 벗고

홀딱 벗고 —————————————— 64
흔들리는 신전神殿 ————————— 66
늙은 한 ——————————————— 68
분홍쥐꼬리새 ——————————— 70
평등꽃 ——————————————— 72
하얀그늘에 앉아 —————————— 74

6부 개복숭아꽃

개복숭아꽃 ————————————— 78
신성불가침神聖不可侵 ———————— 80
바람의 일대기 ——————————— 82
바짝 마른거짓말 —————————— 84
나비입술 ————————————— 86
이 세상에서 가장 쓸쓸한 말 ————— 88
감정 편집 ————————————— 90

7부   애꾸 나라

애꾸 나라 ——————————————— 92
덜컥, 서늘해지다 ————————————— 94
슬픔론論 ——————————————— 97
새파랗게 운다 ————————————— 98
금등화 ———————————————— 100
사실 고발 르뽀 생태시 ————————— 102
새가 허공에 쓴 직유법 ————————— 104

해설 • 『올챙이를 산란하는 비요일』의 시 세계 • 반경환   107
명시감상 • 이서빈의 시 9편에 대하여 • 반경환 —   117

• 일러두기
페이지의 첫줄이 연과 연 사이의 띄어쓰기 줄에 해당할 경우 >로 표시합니다.

1부
올챙이를 산란하는 비요일

올챙이를 산란하는 비요일

비요일
유리창에서 올챙이가 끊임없이 태어난다

한 마리 두 마리
끝없이 줄지어
눈썹 휘날리며 곤두박질치며 헤엄치는 올챙이

다리는 뱃속에서 속도를 굴린다

볼록한 비밀에 싸여있던
앞다리 뒷다리
뽕알 뽕알 뽕알 뽕알
우주 깨고 밖으로 나오면
전생을 까맣게 잊는 순간이다

뱀눈알 냄새가 번지는지
체온보다 뜨거운 속도로
휘릭휘릭 유리창 거침없이 질주하는 올챙이

겨우내 땅속에서 어미 젖꼭지 빨며

촉촉한 휘파람 조용히 불어주던 아비 정이 아니라
올챙이는
뱃속에 두고온
다리를 찾아 달리고 있었던 것이다

투명한 헤엄은 올챙이 울음이었다

마음심지 낮추고 보니
개구리는 눈속에 붓다의 염주알 굴리며
올챙이의 무사함을 비는 게 보였다

올챙이국수가 되지 말고
제발, 개구리가 되라고

길이의 슬픔

인간 욕망을 재고 있는 자벌레

발끝에서 머리끝까지 둘둘 말린 욕망
몸속 자 다 풀어 재고 또 재고 평생을 잰다

밭고랑 풀보다 수북하게 웃자라는 욕망
자란 평수만큼 그늘은 더 무성무성 짙어진다
우주 몇 바퀴 돌고도 남을
욕망길이 재는 일 자신의 욕망 재는 일인가?

끝을 알 수 없는 욕망터널속에서
욕망 재다가 욕망에 갇혔다

한 치 더 재면 굴러굴러 떨어질 절벽
깨꽃보다 붉게 핀 아찔한 비명
신은 지구별 꽁지에 '멸종' 시치미 달고 욕망은 시지미 뚝 떼고 있다

그 푸르던 지구 눈동자 작살 맞은 물고기처럼 심장 움켜쥐고 울부짖자

바다는 핏물 끓이기 시작하고
동·식물 배 뒤틀며 하혈한다
경전 목차에도 없는 부고訃告장
달력에 기록하지 못한 나머지 날짜들 수수수 새떼처럼 날아내린다

말라서 토막 난 지구 끌고 가는 개미떼 인광燐光을 뿜어내고
종들의 울음소리 삭제되었다 마치 영원히 휴가를 떠나듯
드디어, 마침내, 기어이
잴 수도 멈출 수도 되돌릴 수도 없는 슬픔의 자벌레

지렁이 하혈하는 밤

여보게
지렁이 흐느끼는 소리 들리지 않는가?

죽은 지렁이 혼 땅에 내려앉지 못하고
산허리 강발치 자욱한 안개로 떠돌고 있네

세상 불 켜지고 꺼지는 일, 모두 지렁이 환영幻影일세

징그러운 몸뚱이라 희롱하지 말게
죽은 영혼에 쌀 한 숟가락 넣어주듯
종種 영혼 한 톨 부활위해
밖을 숨기고 흰배로 중력을 걷어내며
꿈ㅡ틀ㅡ꿈ㅡ틀, 제 안의 온도 이식하는 것 좀 보게
누가 자신의 몸 저 지렁이인 줄 알겠는가?

살충제 먹은 지렁이 하혈 소리 지구를 적시고
속이 타 땅위로 올라오다 땡볕에 녹아
여기저기 시체 끌고 가는 불개미 운구 행렬 보이지 않는가?
마당 한쪽 흙, 흑흑 바싹 말라 푸석한 지렁이 눈물소리
그건 세상에 위험이 급물살로 달려오고 있다 위급 알리는 통곡

일세

　만물의 영장 인간 파릇파릇 숲
　모든 생명체는 우리가 살아보지 못한 모퉁이 안쪽에서
　지렁이가 종야終夜 토해낸 눈물 한 점일 뿐이란 걸
　자네는 아는가!

포기

오염된 지구를 떠나 이사를 해볼까?
이리저리 궁리를 굴려본다

이육사 윤동주 사는 마을 가려
나라 위해 목숨 버려야 하고
세종과 집현전 학사들이 사는 곳 가려니
밤낮 사대부들에게 시달려야 하고
김삿갓 천상병 사는 동네 가려니
걸식을 해야 하고
두보와 이백 사는 마을 가려니
중국어 배워야 하고
마키아벨리 사는 곳 가려니
권모술수 몰라 못 가고
스티브 잡스 사는 동네 가려니
집값 비싸 못 가겠다

몇 날 며칠 생각해도
적합한 곳 없어
배추 셀 때 필요한 포기를 불러본다

\>
새들은 손이 없어 허공을 자유로이 날고
물고기는 팔다리가 없어 망망대해를 누비는데
나는 손과 팔다리가 달려있어
어느 곳도 갈 수 없네

아,
이곳에서 그냥 사는 수밖에 없겠지, 니에미랄!

하얀증발

물끄러미, 지상 허기를 본다
폐사된 물고기 부릅뜬 눈알들
냉해 입은 성충 무덤
창공 기르던 새
신발코 먹어 치우던 길 모두 어디로 갔을까?

막막한 지하 벙커에서 자꾸만 무성해지는 없는 것 만지며
고립 이겨내기 위해 인공지능(AI) 물고기 바라본다

부재와 존재 압축해 쓴 옹이 경전 읽고
죽음 예감한 소나무 가지 휘도록 솔방울 매단다
쪽빛하늘 멱 감는 강물 손바닥으로 퍼마시면
가재들 산초씨 같이 까만 눈 말똥거리며 집게발로 말 걸어오고
송사리 헤엄치는 소리 거미줄에 대롱거린다
꽃향기 두 다리 걷어 올리고 찰방찰방 물놀이하고
노란바람 입김 불어 애기똥풀꽃 피워낸다
풀벌레울음 공중 파랗게 물들이면
매미 울음 땀 식히는 푸른그늘 아래 앉아 청도라지빛 바람 마시며
  원시를 사는 청정구역

턱을 괸 생각 사이로 적색경보음 울린다
'물고기 감상 시간이 종료되었습니다.
비상식량 챙겨 지상으로 나갈 시간입니다'
안내 고삐에 끌려 지상으로 나가 엘리베이터 탄다
로봇이 타고내리는 곳 가끔 사람도 탄다
앞을 봐도 뒤를 봐도 인공지능(AI)뿐 지상엔 살 수 없어 가끔 햇볕 쬐러 온다
인공지능(AI)은 또 지하로 갈 시간 독촉한다
불과 몇 년 전만 해도 한낮에도 호화찬란한 불빛이 살던 곳
인간도 식물도 스위치 꺼져 적막이 줄줄 흘러내리는 차고 혹독한 불모지不毛地
생각의 손가락 사이로 허기가 무서리 되어 하얗게 내린다

2부
어쩌다, 라쿤

어쩌다, 라쿤

검은고요 엎드린 밤, 밀렵꾼 놓은 덫에 걸렸네
쇠스랑달빛 철컥, 철창속 함께 갇혔네

불안 두려움 고립된 순간
라쿤이 달빛에게
  어쩌다 이 철창문 들어와 갇혔냐고 창백한 부정문 던지고
  어쩌다 이 철창문 열고 들어와 따라 들어왔다는 세기말 같은
해끗한 대답

달빛은 말랑말랑한 혁명 일으켜
희멀거니 하늘기슭 얼어붙었네
라쿤 손 내밀지만 밤새 살 내려 앙크란 달 낯설고 모호한 표정

공포에서 탈출 염원 지구 폭발할 지경 다다를 때쯤
영원 탈출시켜 줄 덫 주인이 나타났네
주인 30초 지나면 신경계 넘준다고 총부리 겨누네
라쿤 온 힘 다해 두 손으로 저항하네
철창 사이로 손 내밀어 자신 겨누고 있는 총구
밀고밀고 또 밀며 필사적으로 저항하네
탕!

잔인한 탄알 라쿤 숨 앗아가네
30초!
최악의 발버둥 목숨 구걸해 보지만 그건 너무 긴 사투네
뇌가 멈추기까지 최악의 몸부림은 최후의 몸부림 되었네

몸 버린 넋 영원 탈출하고
몸뚱이 거꾸로 공중 매달리네
시퍼런 면도날 몸과 껍질 분리당하고
분리당한 껍질 살점과 지방 피 흐르도록 칼로 긁히네
고통은 죽었다네
가혹하게 쓸쓸한
껍질 와이어에 끼워져 3~4일 말려지네
벌레 물린 흉터 고스란히 박제되네
좋은 품질의 가죽 흰색을 띤다며
와이어 끼인 털 벗기며 허연 이 드러내고 웃는 밀렵꾼
혼들은 모음자음 자음모음 울고 털들은 고요히 잠 씻었다네
또 어느 유령의 문장속으로 흘러들어 날마다 피 철철 흘려야
할지
야생동물 밀렵한다는 다큐 흡혈귀처럼 떠오르고
다큐에서 흘러나온 야생울음 잠의 머리채 잡고 흔드는 밤

항명

파랑새 울음이 허공을 난다
울음 숲으로 변하고 숲은 계절을 기른다

눈 한 번 마주치지 않고
이 말 하면 고개 절래절래 저 말 하면 손사래 싸래싸래 찻잔엔 애만 동동 뜬다
행간 사이사이 직유와 조사가 달려들어 너와 나 사이를 진부하게 하고 서술어 철지난 갓 쓰고 도포 입고 구두 신고
시제에 맞지 않는 목적어 보어가 너와 나 사이 엉망진창으로 만든다 네가 내게 하는 말인지 내가 네게 하는 말인지 애매모호한 말 낡은 단어 과용하고 수식어 오용해 문장 다 헝클어도 눈길 한 번 내게 주지 않는 너

이 생각 저 상상 아프리카 토종 코끼리까지 다 잡아다 바치면 힘들어 데려온 상상 다 먹어치우고 또 다른 상상 요구하는 끝없는 식성
상상 한 방울도 남기지 않고 통째 바쳤는데 늘 싱싱하게 파닥이는 새로운 먹이 요구한다 날마다 새로운 상상 낳는 상상을 사육해야 너의 욕구를 충족시킬까 대식가며 미식가인 식욕 때문에 내 영혼은 밤마다 새로운 먹이 위해 잠까지 오롯이 너에게 바쳤다

그렇지만 횡포는 갈수록 커진다
몇 달에 거쳐 구해온 상상 그 큰 아가리로 한 번에 삼켜버리고 또 새로운 먹이 요구하는
얼마나 더 헌신하고 무릎 꿇어야 내게 마음 한 폭 내줄 것인지
오늘은 너에게 줄 모든 싱싱한 상상을 내가 모두 먹어치워야겠다
시, 너에게 항명하는 것이다
시, 너도 내게 곁 한 자락 쯤 내어줄 때도 되지 않았나?
짝사랑 한다고 자존심마저 없는 건 아니다
까다롭고 지랄같은 사랑이 뜨거워 운다

내 몸피만큼 어둠을 덜어내고 타협하면 저 가혹한 욕심 채울 상상 구할 수 있을지
갈수록 새파랗게 젊어지며 왕성한 상상맛 요구하는 저기, 저 놈 식성
황홀한 노예로 길들이는

새치

　내 몸속엔 새치라는 염치없는 물고기가 산다

　돛새치 청새치 녹새치 백새치 황새치
　눈썹과 겨드랑이 음부 종횡무진 지느러미 흔들며 서로의 곁으로 집을 짓고 있다
　상처 많은 재료 골라 깎고 다듬고 내구성 강한 슬픔으로 창을 낸다

　수 세기 전부터 살아온 민첩하고 약삭빠른 눈치코치도 염치없는 새치를 물리치지는 못한다

　오랜세월 바다에 빠진 달 건져 먹고 달 유전자 온전히 이어받은 은빛새치들
　간혹 상한 달빛 먹고 돌연변이가 되기도 한다
　초승달 손톱 밀어내듯 살가죽 밀어내고 한 마리 두 마리 새끼 낳는 새치들 어떤 곳엔 몇 쌍둥이 낳는다

　연습 없이 잘려나간 새치, 서러운 체온을 거두고 하얗게 날아간다
　고독한 떼죽음 허공에서 눈물 번식시켜 폭설이 된다

폭설은 차가운 목소리로 첨탑에 올라 기도 걸고 푸른 눈동자를 감는다

누가 저 풋내 섞인 생리 어둡고 쓸쓸한 주름 이식했는지
새치 주변엔 희끗희끗 불멸의 주름 바글바글 모여든다
눈치코치 어느 불온한 물이랑 지층으로 숨고
먼 고생대 진화한 슬픔 푸른비린내 문장 하나 흘리고 있다

싱싱한 바람으로 불었던 휘파람 파람으로
끝없이 태어나는 새치들 몽땅 잡을 그물을 짠다
눈치코치 지문으로 나이테 만들어 변방 떠돌 준비 서두른다
일정하게 조율되지 않는 내밀한 작당
새치들 그늘밖으로 방생하는 소리 고요히 번진다

껍질 벗긴 거짓말

단테를 따라나섰다

숲 무성하고 달빛 흰 페이지서 야생피 흐르는 표범 사자 늑대가 갈기 세운다
도와 달라 외치자 2천 년 전 로마시인 베르길리우스가 안녕? 초록인사 건넨다

베르길리우스는 죽은 동식물들이 건설한 저승세계 안내한다
희망 꿈 버려야 통과할 수 있는 곳, 희망 꿈 지우자 저승문 철커덕, 열린다

시체들 날아다니는 애욕지옥 클레오파트라 코가 죄 타는 냄새를 방출하고 있다
처절한 탄식 쏟는 소크라테스 플라톤 아리스토텔레스

다리 눈 팔 없는 건 불구 아니다 마음 껍질 벗겨 마음다리 마음눈 마음팔 없어야 불구인 곳

백성 착취한 지도자 교황 추기경 가롯 유다 층계 오르내리며 층층 쌓인 죄를 옮기고 있다

교만 질투 분노 나태 탐욕 탐식 방탕들이 바글바글 들끓는 연옥
지옥에 떨어지지 않았지만 천당도 못 간 사람들 엉거주춤 허리 춤 치키고 있다

살아있는 사람이 기도 해주면 천당 갈 수 있다는 별시체 눈부신 축복 누리는 천국

고백 한 번 못하고 죽은 단테의 사랑 베아트리체가 내려와 단테 데리고 하늘로 올라갔다

희망 미래 꿈이 없는 천당 지옥 심판관 심판하는 미켈란젤로 '최후의 심판'

단테와 1년을 살면서 고통에서 몸부림치는 '지옥의 문'
지옥 심판관 기묘한 심판 심각하게 '생각하는 사람' 로댕

꿈일까? 단테와 함께한 하루가 폐활량만 늘리고 있다

헛꽃

허공을 집요하게 붙들고 꽃들이 익어 간다, 빛이 녹슬어간다
최상의 화려속에서 피고지는 기적의 언어들

계절은 사라지고 자신이 놓은 덫에 걸려 발버둥 치는 인간

백두대간 바위 앉아
허연수염 휘이휘이 손짓하는 국사國師
비바람에 찢겨 혈투 난무하자 슬금슬금 구름 타고 가다
차마 가지 못하고
태풍뒤에서 비구름 잡고
목을 뒤로 꺾어 나라를 내려다본다
씁쓰름 늙은근심 나부끼는 흰수염 겨울보다 서러운 합장

쌓이는 독 못 이겨 찌지직 찌찌 찢어지는 솔가지 푸르르푸르르 산꿩 날아내리고
낮하늘 초승달 파르르 눈까풀 떨고 있다

영생을 누리려 애쓰는 독
해독이란 말속에 해를 빼낸 오류일 것이다

>

　빗방울 햇빛 푸른그림자 싱싱한물소리 만지작거리며 새노래 들으며 적멸에 드는 꽃
　꽃향기 햇살에 젖고 물소리에 목이 탄다
　낭떠러지 서서 나아가지 못하고
　비바람에 찢기고 눈보라에 저항하는 75살 나라 여기저기 물새는 소리 난다
　화무십일홍, 기발한 진화는 같은 시간에 귀속되지 못한다

　먼 후생 오늘에 수 세기 전 바람과 건기가 밀려들고 있다

3부
한바탕 일기

한바탕 일기

한낮, 원두막이 걸음을 당겨 앉힌다
바람이 들락날락 땀 식혀주고 매미소리 장대비로 쏟아져 강물로 출렁인다
휘파람새가 새털구름 한 조각 나무우듬지에 건다, 구름그늘 당겨 잠을 이식한다

잠자리 한 마리
내 입술에 내려앉는다
저 빨강, 저 빨강궁둥이
내 입술에
닿았다떼었다

이 멀건 대낮에
기이한 몸짓으로 유혹한다
뭘 어쩌
어쩌라는 말인가?

모르는 척 잠든 척
눈도 뜨지 못하고
잠자리와 잠자리를 한

무방비로 당한 하루

실눈 뜨고 고추밭을 본다, 햇빛물고기 파닥파닥 알몸으로 뛰논다
 바짝 약 오른 고추 빳빳이 발기한다
 고추잠자리도 고추도 홀딱 벗고
 그 짓이 한창이다, 벌건 대낮에

파랗게 우는 암고양이 울음에 감자꽃이 하얗게 진다

반쪽 비명이 한바탕 쓸고 간 고추밭
붉으락푸르락하던 고추와 눈 뒤집힌 잠자리 고추가
일시에 새빨갛게 익는다
치명적 오후, 젊은그늘이 축 늘어졌다

벌의 일기

잉잉 울어야 할 애벌레소리 깨어나지 못하고 빈 하늘은

멀뚱멀뚱하고

노파랑 붉하양 꽃들 화화 웃는 들판

고독한 마음 온종일 잉잉 시들어간다

영문도 모르고 가문이 멸종당하고 살아남은 자의 비극

바람은 눈썹 하나 까딱 않고

우두커니 가시를 돋우고 보랏빛 근심 흔드는 엉겅퀴

어느 구름에 비가 숨었다 또 쏟아지려나

서둘러 피난한 곤충들 창문 닫아거는 소리 앵앵

청개구리 불효 읊어대는 소리가 들리지 않는 귀머거리

>

공중에 가득하던 날개소리 더욱 뚜렷이 들린다

숲이 저물고 들판이 저물고

날개 가득 묻어나던 풀벌레소리 뚝, 끊어졌다

길은 논바닥처럼 쩍쩍 갈라지고

꿀맛 같다는 말은 이제 사라져버릴 것이다

어느 먼 시대에 사라져버린 공룡의 혼이 마중 나오는 소리

깨어나지 못하고 사체가 된 애벌레

서글픔이 밤새도록 뜰에 등불 켜고

먼 곳 어디서 우리를 기르던 주인의 울음이 피어난다

푸른말

산바람소리 병에 꽂아두고 싶어
마음서랍 열고 외출 챙긴다

둔덕 논에 뛰놀던 푸른말 만났다
푸른말 눈빛에 노릇노릇 익어 가는 해바라기촌

영원히 푸르러 늙지 않을 싯다르타
말뚝에 자유 묶여 서럽게 우는 울음소리 우주 만물 파랗게 물들고
해바라기 씨앗에 영근바람 바글거린다

말 콧김에 풀벌레울음 무성해
위태로운 계절 당기고
어두운 그늘 솎아내는 새들의 일손 바빠진다
달눈썹 점점 사나워지고

산사에 오래가둔 범종소리 멀리 날아가 성근메아리 낳는다
메아리는 되돌아오는 회귀본능 동물
무게 덜어내며 돌아오는 메아리

 말뚝에 묶인 나머지 시간 칸타카*는 동쪽으로 싯다르타를 몰았다
 갈기 휘날리던 애마 울음소리 아직도 강물을 타고 온 세상을 흐르고 있다

 * 싯다르타가 궁을 나올 때 타고 나왔다는 애마

얼빠진 말

부리들 공중에서 햇빛 쪼고 늑대들 달에 밀가루 묻히는 밤
늑대 술책에 넘어간 어린이 고립 보충법 몰라 손금마다 시름강 깊어간다

죽은 사람 시간은 사라지는 것이 아니라 산 사람 체온속에 환생한다
입속으로 들어간 육식 초식은 혈관과 심장을 동물족 혹은 식물족 만든다
신의 혈관속으로 흐르는 액체는 사투리를 모른다
저승길 낯설고 무서워 가장 늦게 닫는 귀문
바람 지우고 새들 다시 쓰는 초서草書, 허공이 파지로 가득하다
나뭇잎 끊임없이 초록 만들어내고 별빛에 눈 찔린 자 뜬눈보다 더 예리한 눈빛
검은색 낮이 다 먹어치우고 밝은색 밤이 다 먹어치우면
상복 물색으로 짓고 수의 바람색으로 입고

새소리 머리 감고 바람 머리 말리고 어둠 깔고 햇빛 덮고
꽃나무들은 헐벗고 서서 헐벗은 위로를 준다
꽃향기 펄펄 뿌리며 위로를 준다
간지럼나무 겨드랑이엔 까르까르르 웃음소리 파랗게 피고

버즘 핀 버즘나무 온몸 긁는 소리에 밤 핼쑥해진다
무덤가 핀 할미꽃은 늙어서도 애인을 기다리고
참수형이 두려운 나무들 머리 땅속에 박고 산다

구름껍질 벗기면 빗소리 비극적 문장으로 변한다
몸속 수명 연료 얼마나 남았는지 모르고
욕망 펄펄 날리다 죽은 시간들 모두 어디 몰려 있는지

이 세상 다녀간 인류 지금 어디서 무얼 하고 있는지

2인분 고독

밤 기차에 무작정 몸 싣고 달릴 때
달이 동행했어
나뭇가지에 걸렸다 산 뒤로 숨었다
내 걱정 한 보따리 이고 나뭇가지뒤로 산뒤로 숨고 숨으며 보살폈어
깜깜한 무덤속에 누워 있던 엄마
딸 안부 걱정스러워 달뒤에 숨어서 따라 다니고 있었지

글썽글썽, 죽어서도 글썽이는 지독한 사랑

엄마 며느리 아내
파먹기만 하는 기생충 사이서 타인의 삶만 살았지

해바라기처럼 바라보는 눈빛에 찔려 늘 타인의 삶을 살다
걱정이 팔자라 죽어서도 관뚜껑 열고 나와 근심을 따라 다녔지
먹구름 눈·비 바람 그림자로 따라다니며
뼛속까지 걱정으로 뭉친
기차 기적소리 멈추자 관뚜껑 닫는 소리 덜컥, 나더니
관뚜껑 빼꼼 열고 오랫동안 근심을 흔들고 서 있는

\>
죽은 날짜 허공에 던지면 구름이 되고
산 시간 허공에 던지면 읽다 만 문장 된다는데
그 세상도 이 세상도 아닌 중간쯤 그 어디서
수천만 년을 미완성으로 기다릴지
귀 열고도 울음소리 듣지 못해 자꾸만 뒤돌아보았어

지구 해열제

한겨울인데 열 펄펄 끓이며
춥다고 몸서리치는 지구

어디 지구 해열제 만들어 낼 제약회사 없을까?

필사적 몸부림으로 지구가 낳은 식물
당뇨 혈압 고지혈 진폐증 골다공증 동맥경화
오염에 헤아릴 수 없는 고질병에 시달린다

세상 오염 편집하는 전문가 없을까?

몇십 년 전 오염 참다못한 배추머리개그맨
'지구를 떠나거라' 외치자
인간은 인공위성 쏘아 올리며 '지구를 떠나거라'
웃지 못할 개그 하면서 웃고 있다

오염에 찌든 별들
햇살 좋은 날 강물에 뛰어내려 몸 씻자
반쯤 남은 낮달 시든 목소리
물도 다, 다, 다, 썩, 썩, 썩,

'없다'는 말 입속에 두고 스르르, 숨 감는다

죽은 지구에 한 번도 살아보지 못한 인간은
지구가 죽으면 자신이 죽는다는 걸 모른다

환풍기는 쉬지 않고 매연을 돌리고
지구는 해열제 한 알 구하지 못해
끙끙 앓고
하늘은 유령처럼 검은눈물 흘리고 있다

4부
무지개 맛 행복 요리법

무지개 맛 행복 요리법

재료(4인분): 눈빛 맑고 화창한 햇살 네 마리 구입한다.
햇살똥 들어가면 쓴맛 나니 내장 발라내고 적당한 크기로 토막 친다.
영롱하고 싱싱한 푸른바람 3통 깨끗이 씻어 껍질 채 맷돌에 간다.
바람은 껍질에 칼슘과 온갖 영양소가 풍부하게 들어있다.
일곱 가지 맛 내는 무지개구름 350그램 잘라낸다.
구름비늘은 복통이 일어날 수 있으니 반드시 긁어내고 다듬어 다진다.
졸졸 혹은 퐁당퐁당 소리 찰랑이는 물줄기 두 뿌리 준비한다.
물줄기 잎은 독소가 있으니 잘라버리고 줄기만 사용한다.
자신 취향에 맞는 꽃향기 세 송이 준비해 잎 뒷면에 붙은 벌레 알 흐르는 물에 씻는다. 꽃향기는 너무 많이 넣으면 어지럼증 유발할 수 있다.
투명한 용기에(용기가 투명하지 않으면 괴팍한 성격들이 날아들 수 있으므로 주의를 요함) 햇살 담고 갈아놓은 푸른바람과 다진 무지개구름 솔솔 뿌린다. 바람과 무지개구름이 햇살에 스며드는 동안 물줄기를 흰자 노른자로 구별해 잘 저어 거품 낸 다음 꽃향기를 넣고 잘 섞이도록 충분히 저어준다. 바람과 색동다리 구름 스며든 햇살에 거품 낸 물줄기와 꽃향기 골고루 뿌린다.
머리 가마에 가마솥을 걸고 열 펄펄 나도록 끓인다. (오븐은 금물. 전자파가 섞이면 모두 녹아버림) 김이 펄펄 뚜껑 열어도 인내심을 가지고 기다린다 성급하게 뚜껑을 열면 비린내가 나 뜸을 충분히 들인 후 햇살 가운데를 찔러본다.

젓가락에 생가루가 묻어나지 않으면 잘 익은 것이다 속이 말랑말랑하고 밖은 바삭바삭하게 찌는 게 요령이다. 잘 익었으면 해바라기기름을 바른다. 기름이 안까지 스며들도록 한다.

이 요리는 지구상에서 가장 영양이 풍부하고 맛도 좋아 매일 먹어도 구름처럼 가볍고 늘 휘파람소리 나는 일들이 생길 것이다. 행복이 완성되면 식탁에 둘러앉아 꼬리 머리 몸통 각자 좋아하는 부위를 먹는다.

주의점: 딱, 양만큼만 먹어야 한다. 과식하면 행복이 토사곽란 吐瀉癨亂으로 바뀐다.

와불臥佛

겨울밤 지하도
어둠 깔고 찬바람 덮은 부처가 웅크리고 누워있다

절을 버리고 목탁과 경전 저 남루한 옷속에 숨기고 누운 와불

누추한 와선 힐끔거리는 눈빛과 무심한 발자국 소리에 고요하게 누웠던 와불 꿈틀, 몸을 뒤척인다
파랑 같은 날 살아가는 중생들 업장 소멸을 위한 몸짓

부처의 탁발은 드문드문 이빨 빠진 바구니에 동전 몇 닢
부르튼 맨발 하얗게 내밀고 전생과 현생 오가며 묵언정진하는 그가 부처인 걸 아는 사람 아무도 없다
무심하게 오가는 발소리들 부처 귀에는 모두 경전 읽는 소리로 들린다
고깔도 모시 적삼도 없이 바라춤 추는지 어깨 들썩이며 히죽이 죽 웃는다

중생들 업장 거머쥐고 혹, 얼굴 보일까 두 팔 사이 얼굴 묻고
모로 누웠다 다시 모로 돌아눕는다
부처가 저쪽을 향해 돌아눕는 건 저승, 이쪽을 향해 돌아눕는

건 이승
　이승과 저승 오가며 이승 죄를 저승으로 나르는 것일까?

　먼 산사 목어울음이 캄캄하다
　쨍그랑, 5백 원짜리 동전 한 개 부처의 공양 위해 바구니에 던져진다
　누군가 부처의 동안거冬安居 방해했는지 부처는 실눈을 떴다 다시 감는다
　가혹한 쓸쓸함이 부처 어깨위로 내려앉는다

　올봄, 부처의 가피 희망꽃등 내걸어 우주가 환해지겠다

여백

진흙탕속 가부좌 틀고

아수라 늪 번뇌 걸러 어둠 밝히는 연꽃

푸른귀 더럽혀진 말 걸러내고

맑은 말 연등 만들어 공중에 내거네

세상 고운말들은 저 연꽃들이 지은 말

연잎위 청개구리 눈알 목탁소리 굴리고

송사리 버들붕어 반야심경 외는 소리, 뻐끔뻐끔

초록햇살 일제히 몰려와 시주하고 두 손 모아 합장하네

초여름배 항아리처럼 불룩해지고

꺄르르 꺌꺌 물소리 한 뼘 자라네

〉
아, 눈밭 풍경 눈이 멀도록 희기도 해라

연못속 왜 저리 왁자하나?

내년 봄 우주는 젖살이 올라

통통한 연화세상 활짝 열리겠네

헛

새 눈물샘 헛물소리 키우고
파란구름 하늘에 양떼 울음소리 키운다

헛바람
내 허파속 헛웃음 공장 차렸는지
자꾸만 헛웃음 나온다
최고의 결말 보장하려는 듯
시리도록 슬픈 헛웃음꽃

물고기 눈물 바닷물 짜게 만들고
헛꽃들 헛웃음 허공에 헛수고로 부서진다

헛공약 헛디딤 헛삶 헛이란 놈 헛앞 헛붙어
모두 헛배 부른 헛일 되었다고 투덜거리자
헛개나무 반기를 든다
헛소리하지 말라고
자신은 헛이란 말붙어 개나무 면했다고

신은 모든 일
헛일 되게 내버려 둔다

\>
먹는 일 걷는 일 자는 일
권세 명예 돈 모두 헛만들어
사람들 이 세상속 헛걸음으로 다녀가게 하는
저 나쁜 헛이란 놈
어떻게 없애야 헛일이 안 될까?

곰곰 헛생각하는 헛헛한 헛밤
에이, 피자헛이나 한 판 시켜 먹어야겠다, 헛피자

슬픔 활용법

나무는 나가 없어서 나무我無란다
이처럼 경외敬畏로운 이름이 있을까?

동물들이 뱉어내는 이산화탄소
자동차 배기가스
세상에 온갖 매연 걸러주다 죽으면

털 없는 솔개 같은 인간에게
나무나이테는 손가락 지문이 되고
뿌리는 털이 된다

나무 몸은
태어나자마자 쓸 기저귀가 되고
휴지가 되고
초경을 받아낼 생리대가 되고
책상 침대 의자 장롱 …관까지
요람에서 무덤까지 나는 없는 나무

나는 매일처럼
죽은 나무의 몸을 부여잡고

글을 쓰고 글을 읽는다
나무 울음소리가 자꾸만 귓속을 파고들어
슬픔이 머릿속을 포효해
글씨 한 자 글 한 줄도
허투루 쓰고 읽을 수 없다

젠장,
슬픔 활용법 어디 없을까?

어떤 여행

세렝게티 동물들과 아모르호랑이가 여행길 나선다
가정에 들어가 체험살이 해 보기로 한다

티뷔 손전화 컴퓨터 네모, 냉장고 공기청정기 가습기도 네모
자동차 택배도 네모 주인이 쓰는 카드도 네모

짐을 풀고 거리로 나간다
우뚝 솟은 건물 건물 간판도 네모

식사 위해 주위 둘러본다
대형 매장도
24시 작은 가게도 네모
거리마다 집집마다 활개치는 네모
네모 3세들 쑥쑥 자라 숲들이 온통 네모 숲이다

햇살을 독식한 키큰 숲그늘서 살아남기 위해 발버둥치다 결국 그늘에 묻힌 키 작은 식물들 햇빛 보지 못해 시들시들 시들어가고 있다

여행을 마치고 편지를 써본다

여보시게 우리와 똑 닮은 형제 네모여
초원에서 힘이 가장 세다고 종횡무진 살았던 세렝게티 우리를 보시게
이제 멸종 위기인 걸 두 눈 크게 뜨고 보시게나
힘 약한 자들 먹이 빼앗아 먹고 군림하며 대를 이어왔지
영원한 제왕이 될 줄 알았네
그런데 힘 약한 동물들 없이는 우리도 살 수 없다는 걸 멸종위기 와서야 깨달았네
형제들이여 쌍둥이처럼 닮은 종족들이여
부디 우리처럼 오류誤謬에 젖어 광활한 초원을 독점하지 말게나

5부
홀딱 벗고

홀딱 벗고

치악산 국립공원 가람마을 검은등뻐꾹새

홀딱 벗고
홀딱 벗고
애걸하는 홍자색 목소리에 뻐꾹채가 핀다

홀딱 벗은 알몸 부끄러울까
별빛 달빛 모닥불 다 끄고 잠자리에 들었다 귀 뜨니
새벽에 애걸을 걸고 있는 새

밤새워 애걸복걸해도 홀딱 벗기지 못했나 보다

검은등뻐꾹새 소리 입에 물고
묵언정진 하는 뻐꾹채

뻐꾹새가 흘린 침에 장엄한 기도기 젖는다

뱀딸기 익는 소리 혀를 낼름거리고
토란잎 같던 지구가 시들고 있다는 전언
백주白晝에 파랗게 질린 수레국화

>
 벗는다는 일 무에 그리 어려운가?
 낡은 습관 벗고 짐 벗고 잡티 벗고 오욕 벗고 허물 벗고 누명 벗고 껍질 벗고 업장 벗고, 홀딱 벗고 홀딱 벗고
 홀딱 벗으면 좋으련만

 하기사
 저리 온몸을 불사르며 애걸복걸해도 눈도 깜빡 않는데
 쯧쯧, 혀를 차고 있는 백치白痴

흔들리는 신전神殿

　지구 나라 사람주나무에는 욕심 주렁주렁 열렸네
　구름 시침질 이불 만들고 바람 잘라 옷 만들고 비 썰어 국수 만드네
　끝없이 내달리는 시간 한 방울도 잡지 못한 무능한 사람주나무

　영원 살기위해
　바람 구름 햇살 비 할부 구입하고
　양심 전당포 저당 잡혀 재앙 양육하네
　욕망 갈가리 찢긴 영혼 연고 바르지 않고
　어리석음 비료 거름 물 주어 길러내는 얼간이
　욕심 곳간에 재앙이란 동물 기르고 있네
　동물은 끝없이 새끼를 치고 또 치고
　결국, 무시무시한 괴물 되네

　초목에서 풀 뜯는 한가로운 생각 눈으로 뒤덮이고
　욕심 지나간 자리마다 검은꽃 아리랑 스리랑 피어나 심장 움켜쥐네
　누구도 알 수 없는 곳 사라져갈 때

　세상 모든 숨 쉬는 것들 늘 지금만 있을 뿐

오늘이란 양 옆구리 붙어있는 어제와 내일이란 말 애초 존재하지 않네
저 산 너머 어느 동굴 시간궁전 있어
끊임없는 시간들 방울 울리며 태어났다 되돌아갈 뿐
시간 곳간은 텅텅 비었네

해마다 달력 가득 날짜 찍어 보내는 저 산 너머 시간 신전
불 언제 꺼질지 아무도 모르는
죽은 혼들 울음만 방울방울 절망으로 매달려 있네

늙은 한

  꾸물꾸물 허공에서 맴도는 젊은 영혼 울타리에 하얀겨울 깔고 앉는다

  쌓인다는 말은 소멸된다는 말
  강물냄새 쌓인 곳 코들이 쌓인 곳
  담벼락 아래 쌓인 햇살엔
  나라 위해 싸우다 죽은 아비 아들의 아들이 산다

  나라 위해 싸우다 죽은 아들이 보고 싶어
  날마다 수수밭에 피 토하며 늙은 한
  수수이삭마다 주렁주렁 붉은애간장 열린다
  바람소리 뼛속 파고들고
  허파 부풀려 공중에 허허 헛웃음 뿌리는 노인

  길이 노인 눈빛에 다 닳았다

  별빛 쌓인 대나무숲에 밤마다 기도가 파랗게 자랐다
  이제 노인이 삶 놓아버리고
  폐허엔 거미가 집 짓고 바람이 수시로 드나들며 집을 지킨다

>
시간 쌓인 곳엔 진화가 쌓이고 진화 쌓인 곳엔 재앙이 쌓인다

잠 쌓인 곳은 모두 무덤이다
노인은 겨울보리보다 더 파란 울음 세상에 남겨두고
깜부기보다 검은 정신으로 아들 찾아 떠났다
펑펑, 폭설보다 더 서럽게 쌓이는 발효된 슬픔
전쟁 때 죽은 바람 매섭게 달려와 오열한다
살얼음 언 강물엔 겁이 쌓이고 두려움이 쌓이고
한은 늙어 저세상으로 갔다

분홍쥐꼬리새

쓰린슬픔 너울거리는 날 양 무릎에 고개 파묻고
경전 읽듯 견디며 분홍꿈 꽃 피울 날 기다려
새털구름보다 포근한 몽환적 세상 싹틔웠다

딸꾹질로 물 한 모금 마시지 못하고
총총 스러지는 별빛에 목축이며
어떤 유혹도 곁눈질 않고 간실거리는 일 없었다

느닷없이 '생태계 위해성 2급' 식물로 지정
폐허처럼 서서 사색 중
분홍꿈 깡그리 도난당했다

절체절명의 순간, 피울음 허공 분홍분홍 번지고
구름 장송곡 하늘가지 걸려 파닥인다
서성이던 바람 참혹한 사체들을 다시 한번 흔들어본다
이리저리 떠돌던 향 갈 눈물에 젓고 슬픈 사선으로 흘러내린다
풀벌레 조문 어두운 통로로 다녀가고
죽은자들의 남은 생 빌려 태어날 어린싹 전생이 사라지고 있다

허청허청 공중엔 버려진 가랑잎 시구처럼 흩날리고

몸속 살던 바람달별빛
죽음 인정 못해 주검 매달려
이랑이랑 흐벅한 문장으로 흔들거린다

임계점에 다다른 생태계
다 누리지 못하고 가야만 하는 절명
주체할 수 없는 슬픈 현이 하늘 가득
딩딩딩딩 수척하게 걸려 대롱거린다

평등꽃

유령들 사납게 지구를 뒤흔든다

인간들 혼란 뒤따라 불고
걷잡을 수 없이 번져 나가는 유령들 열정에
발 동동 구르며 숯덩이처럼 까맣게 애태우는 영장들
한방에 휘둘러 유령 제압할 도깨비방망이는 없을까?
불두화 가지마다 부처님 자비 턱 괴고 바퀴 없이 굴러가는 생각
불두화 눈동자속 맹꽁이 울음 하얗게 피어나자
날개 없는 눈깜빡할새 풀풀 날아오른다

논물에 출렁이는 어스름 황새 다리 더욱 외롭게 하고
초록윤기 빗질하던 햇빛 그물에 걸려 파닥인다

인간들 황새 뱁새 구분
허세 범람하고
낡은 습 무럭무럭 키운다

하루살이도 반날살이도
부자도 가난뱅이도
평등꽃 앞에선 평등해지는 시간

유령이 흔드는 투명깃발 앞에서
물소리 야위어가고 푸른그늘 풋내 흔들고
바람은 허공을 분양받아 이랑마다 푸른근심 모종한다
우후죽순 자라나는 푸른근심 앞에서
소름 끼치도록 평등해지는 시간
평등꽃이 만발하여 지구를 환히 밝히고 있다

하얀그늘에 앉아

찔레꽃 슬픈향기 화로롱화로롱

가슴 달뜨는 하얀그늘 못잊어 대낮에 달 뜨고

벌나비 해풀해풀 꽃술 파고든다

코흘리개 찰방찰방 물소리 키우고

강물등 윤슬 유혹 참지못해 앞산그늘 비탈비탈 비탈길 내려온다

쌀독 달달 긁어도 바닥만 까무룩한 계절

청보리 익는 냄새 가난고개 넘는다

다랑논 올챙이 벼 기르고 논둑 까치다리꽃 노랑 웃음 흘리자

군살 없이 미끌한 물뱀 한 마리 스르르 물이랑 탄다

논물에 잠긴 하늘로 날아오르던 새

>

머흘머흘 구름에 곤두박질쳐

젖은 날개 파르르 쨱쨱 파르르 쨱쨱 턴다

벼기둥 거미집 거미 외출 중인데 어린나비 거미줄서 파닥이고

허기에 접혔던 이허리* 우주를 접었다 펼쳤다

멀리 황새도 바지가랭이 하얗게 걷어올리고

서러운부리 긴긴 가난 쪼아 하늘로 물어나른다

된장독 쉬 쓸어놓은 쉬파리 댓돌에 쉬쉬쉬. 두 손 싹싹 빌며 눈알 굴린다

팍, 가혹한 파리채에 사형 면치 못한 파리

한낮에 목숨 잃고 사체로 나뒹군다

파리채 던지다 문득,

>
언젠가 나도 저렇게 팍, 사형 면치 못할거란 생각

* 아무것도 먹지 않아 허리가 둘로 접힌 상태 경상도 방언

6부
개복숭아꽃

개복숭아꽃

어느 생에선가 나는
너를 짝사랑 한 것이 분명하다

심장에서 꺼낸 휘파람으로 너의 집 울타리를 넘어가
불러보다가 혼자 타오르다가
눈썹 하나 까딱 않는
너의 집앞을
왔다가 갔다가 서성이다가
문 한 번 두드리지 못하고 돌아와
애먼 개살구꽃잎만 똑똑 따던

너는 알지 못하겠지만
지금도 내 심장은 개복숭아빛이다
잘 쪼개지지 않는 너의 가슴을 못 열어
벌레 먹은 심장은 상처가 아물지 않아
매일 심쿵심쿵 주먹질한다

육시랄,
그놈의 짝사랑 언제나 끝날지
아직도 봄마다 눈알을 알알붉붉 찔러대며

심장을 날뛰게 만드는
너는 분명 어느 생에선가
내 젊은 봄날을
붉게 물들였던 짝사랑이었던 게 분명하다

신성불가침神聖不可侵

왕잠자리 방아깨비 버들붕어 각시붕어 가물치 드렁허리 참붕어 참개구리 금개구리 누룩뱀 꽃뱀…… 수많은 생명 키우던
논두렁 밭두렁 물웅덩이 사라졌네
천수답天水畓 모두 메우고
수많은 생물터전
댐과 보에 터전 빼앗긴 지 오래
이젠 각종 농약 잡초와 나머지 삶 몰아내고 있네

볕 좋은 정오
풀어놓고 키우던
닭들 농약 먹은 풀과 곤충 먹고 비틀거리다 하나둘 고꾸라지네
아지랑이 모여들어 닭 주검에 간지럼 태우지만 꿈쩍도 않네
볕들이 후후 체온보다 더 뜨거운 입김 불어 넣지만 나뭇가지처럼 뻣뻣
매화향 분홍귓속말 소근거리네
'내 발목에 푸른싹들 움파움파 돋아나고 있어
어서 눈뜨고 함께 놀아야지'
그러나
닭살 돋도록 고요한 적막

\>

함께 놀던 강아지 쪼르르 달려와
닭들 숨 냄새 킁얼킁얼 핥다 미동 없자
하늘 쳐다보며 울부짖네
올올올 왈왈왈

환한 대낮
눈동자 풀려 흐리멍텅한 낮달
이젠 하늘도 썩었나?

바람의 일대기

　수천 년 전부터 바람은 바람을 낳아 길렀다

　바람 바람밥 먹고 덮고 씻고 말리고 살다 바람 등불 끄면 돌아앉아 흑흑 흐느끼는 바람영혼들

　인도네시아 여행길 뚜르냔 마을 풍장風葬 만났다
　바람 시신 천에 싸서 바람이 키운 대나무 재단위 안치하고
　삐죽삐죽 대나무창 깍지 끼고 보초 세우고 바람 자신은 살점 말리기 시작한다
　죽음은 찬란한 축제다 살아있는 바람은 오열하고 죽은 바람은 춤춘다

　바람이 먹던 밥그릇엔 햇살 고봉으로 담기고 바람이 키우던 화분 붉게 글썽인다 주인 없는 시간 돌리는 손목시계, 귀퉁이 찢어진 지폐 바람에 펄럭이며 죽은 바람결을 지킨다

　죽어서 가는 길 남녀 있는가! 남자만 묻힐 수 있는 곳
　영생 발버둥 치던 바람, 앞서거니 뒤서거니 바람으로 돌아가기 위해
　이 세상에 없는 다리 건넌다

그림자로 흔들리던 삶의 잎들 해가 지워진 곳으로 모여드는 죽음
별 눈빛 싸늘하게 푸른밤
장엄한 해탈이다

풍장터는 개인 소유가 없다
거대한 무냔트리* 향 죽음의 냄새 말끔히 씻어내고
살 다 내리면 앙크란 뼈 풍장터로 이장한다
산바람이 죽은 바람 관리한다

바람 유골들이 모여 해골 천국 만들고
낳고 기르고 데려가는 바람 유전자
몇 광년 지나야 이 장난 끝낼 것인지

* 인도 바뚜르호수 건너 뚜르냔에 있는 나무이름

바짝 마른거짓말

공원 의자 유혹에 엉덩이 붙들렸네

책 펼치자 마른바람 다가와 손가락에 침 발라 책장 넘기고
가을햇살 노릇노릇 글자 익히네

발 발갛게 언 비둘기 한 쌍
한 마린 외발로 폴짝폴짝 걷네

어디서 발을 잃어버렸을까?

생각 베고 눕자
공중서 새발자국 후드득 떨어지네
나뭇잎들 얼굴에 날아내려 갈색냄새 풍기네

익지 못해 떠돌던 바람 달려와 철가시넝쿨 걷어내자
끊어진 남북허리 붙네
익어가던 가을
얼싸안고 우네 파랑파랑 우네 출렁출렁 우네

두꺼운 부재 뚫고 같은 하늘 물어뜯으며

사적인 방식으로 공적인 방식을 취하고 있는
남북 울음소리는 똑같은 식물색이네

머릿속 산란 마친 꿈 가마뚜껑 확, 열어젖히고 몸 **빠**져나가
꿈을 잇지 못해 혓바닥만 날름달름
꿈속서 밀려난 중심은 변두리가 되네

한글을 밀항선에 실어 밀매한다
한 생을 요약하는 여권 발급된다
허리 끊어진 남북 유네스코 지정된다
바짝 마른거짓말 쓸고 있는 외다리빗자루

나비입술

꽃향기 나비입술 핥고
붓다 비린입술이 읊은 다물빛천부경에 호두꽃 화들짝 피어나네

계절은 끊임없이 그네만 타고
나비입술서 흘러나오는 햇빛 바람 빗소리 잘 섞인 화음들
나비나비 춤추고 불협화음 땅바닥에 추락하네

니체가 신 죽인 지 언젠데 아직도 木神은
호두나무에 사람 뇌 열리게 하고
호두 한 알씩 사내 사타구니 으슥한 곳에 숨겨
호두알 주변 거뭇거뭇 검은숲 넝쿨 질 즈음
여물기 위한 몸부림 난폭해지네

몸이 혼을 낳은 건지 혼이 몸을 낳은 건지
불가사의 허무만 쌓았다허물었다

잘못 꿰맨 실밥 터져 너덜거린 지 수십 년
찢어진 날개 봉합하는 바늘끝이 따끔따끔 손톱밑을 찌르네
어떤 실로 꿰매야 호두알처럼 잘 봉합된 날개로 비상하는 나라 될까

\>

한쪽 입술만으론 고양이도 쥐심장 파먹지 못하고
독수리도 먹이 낚아채지 못한다

딸꾹딸꾹 중계하고 있는 나비입술

이 세상에서 가장 쓸쓸한 말

한번 물면 놓지 않는 흡혈 식성을 가진 노을
아침은 동쪽하늘 저녁은 서쪽하늘이 주식이다

노을이 아침저녁 하늘 한 마리씩 이빨로 물어뜯을 때
하늘은 몸부림치며 피 흘리며 엄마를 찾는다

바람과 안개는 밝음에 예민한 식성이고
달과 별은 어둠에 민감한 식성이다

청력의 뒤척임은 물소리 바람소리 키우고
시력의 무성함은 달빛 별빛 그림자를 흔든다

상처의 면적과 울음의 길이와 고통의 질감속에
햇빛 바람 물이 발아시킨
모든 생명체의 길이 넓이 높이
잔인하고 몰인정한 손가락으로
꽃잎을 따듯 똑똑, 목을 따는 노을

아기가 태어나 가장 먼저 배우는 명주실같이 고운 이름 엄마는
명사가 아니라 형용사

>
　언젠가 꽃잎처럼 목을 똑똑, 따이고야 말 노을이 두려워 부르는 이름
　엄마!

감정 편집

까마귀로 태어나고 싶진 않았지
어떻게 하면 사람으로 태어나는지 알지도 못했지
새대가리 부정不淨 혐오스러움 같은 말꾸정물 덮어 썼지만
피눈물 감정 편집하며 군림하지 않고
경계도 긋지 않지
이념 이데올로기 만들지 않지
다만 육체 하나 지탱하기 위한
최소 먹이만 필요할 뿐
건물 주고받으며
옥쇄 계급 노예 문서 만들지도 않지
절망 희망 같은 말 따로 분리하지도 않지
맘껏 세상 호령하던 시간들 사라질까 전전긍긍하지도 않지
인간처럼 빈부라는 말 자체 존재하지 않아
언제나 오늘을 마지막이라 생각하고 살지
이 세상 모든 것들
자고 보고 먹는 것
잠시 임대 쓰다가 기한 끝나면 자연에게 반납하고
까아악, 검은노래 한 방울 떨구고
갈 . 뿐 . 이 . 야.

7부
애꾸 나라

애꾸 나라

끙끙 지구가 앓아누웠어요

열 오르고 숨 가빠 응급조치 기다리지만

사람들 무감감무감감 귀닫고 눈닫고 오염 경작 쓰레기산 만들기에 혼 빠졌어요

겨울호수 고니, 슬프도록 긴 목 순백 가슴 우두커니 윤슬 바라보고

굵은바람 굵은주름 여린바람 여린주름 호수에 수 놓으며 음정 고르네요

사람들 영혼엔 메마른 허연 눈동자 허연이빨 흉측스럽게 웃고 있어요

아무리 매서운 추위 칼바람도 봄을 이긴 적 없어요

사람들 고장 난 시간 수선하지 않아요

> 끙끙 앓아도 치료하지 않고 방치해요

불효예요

몇몇 효자 치료 해야 한다 목소리 높이면 불효자들에게 야단스럽다 바보 취급당해요

사람들 모두 애꾸, 두 눈 다 가진 애꾸가 사는 나라

덜컥, 서늘해지다

푸른햇살 푸른새소리 푸른바람 푸른빗방울 푸른것들 우르르 삶 놓을 때

섶구슬 거미줄 걸려 대롱거릴 때

비닐장갑 빨대 1회용들 회오리칠 때

몰이 당해온 고래, 머리 작살 꽂혀 바닷물 벌겋게 출렁이게 할 때

집단 폐사된 물고기들 부릅뜬 눈, 인간 향해 붉은 핏대 세울 때

머리 잘린 코끼리 독 든 몸뚱이로 허기 채운 독수리 죽음 볼 때

전봇대 위에 있던 집 떨어져 깨진 알 보며 여승처럼 까치까치 조까치 서럽게 울며 허공에 그린 그림 여백 너무 많아 황량해 보일 때

밍크 거위 알파카 인간 영혼 입고 거리 활보할 때

늦은 밤 여기저기 널브러진 쓰레기 봉다리 잠과 함께 수북하게

실은 청소차 볼 때

  세상 가득한 환경쓰레기 말쓰레기 독재쓰레기 불법쓰레기 쓰레기로 숨이 막힐 때

  어둠 가출한 달 나뭇가지 걸려 얼음장보다 찬 공중 흔들고 있을 때

  하루치 노동 끝내고 헛간 시렁에 걸린 다 닳은 호미 웅크리고 잠들 때

  밭 한 떼기 택배 받아 펼치자 고들빼기 씀바귀 미나리 도라지 더덕 저마다 눈빛을 맞출 때

  마음 흔들려 나무 보러 가면 나무가 더 슬픈 울음으로 흔들리고 있을 때

  캄캄한 밤, 허물어지는 시간 간신히 떠받치고 먼 중생대 반딧불이처럼 깜빡이는 별빛 볼 때

>

바닷가 모래밭 발자국 끝난 곳 낯선 신발 한 켤레 가지런히 놓여 있을 때

어느 간이역서 뒤돌아보니 문득, 너무 많이 와버려 돌아갈 수 없음에 막막해 질 때

덜컥, 서늘해진다

슬픔론論

머리꼬리도 없이 태어난 슬픔이 온몸으로 번진다

이유 붙일 수도 없는 슬픔 형체 없이 벙그는 날엔 누군가의 무릎을 베거나 구부리고 앉아 무릎 사이에 얼굴을 묻어보라 몸속서 차가운 휘파람 불며 차가운 고래 울음소리 듣던 슬픔 따스한 기운 못 이겨 자신의 소리 거두고 사라진다 따스한 체온 가진 무릎이 슬픔을 안아주기 때문이다

낚싯줄이 휘친휘친 휘는 것은 늘 차가운 물 때문이고
대나무가 푸르고 꼿꼿하게 자랄 수 있는 건 마디마디 찬슬픔을 안아주기 때문이다
슬픔이 절벽 오르다 굴러떨어지는 것은 햇빛의 체온 때문이고 바다에 짙푸르게 출렁이는 이유는 물고기들의 차가운 울음소리 때문이다
차가운 식성 가진 슬픔은 세상 어떤 거대한 청소기로도 다 흡입할 수 없지만 둥글거나 따스함에는 발붙이지 못한다

슬픔은 고아다
슬픔은 자신의 정체성을 알지 못해 핏줄 찾아온 지구를 정처 없이 떠돌아다니는 것이다

새파랗게 운다

외발로 서 있는 소나무 온몸이 따끔거린다

이 세상 바늘 다 소나무 몸에서 나온 것
바람 구름안개의 모시적삼
새들과 벌나비 온갖 곤충 옷 천의무봉 솜씨로 한 땀 한 땀
손가락 곱도록 품삯 한 푼 없이 지어 계절의 온도습도 조절했다
그들의 옷 짓는 일로 일생 보낸 장인 목에
시퍼런 전기톱 소리 초승달보다 섬뜩한 날 선다
톱날에 잘려 나온 톱밥 펄펄 마지막 숨 흩날리며 땅으로 고요히 내려앉는다

아름드리 소나무가 흐느낀다
언제 숨 잘릴지 모르는 시한부 어깨 들썩이며 운다
별빛도 파랗게 파랗게 새파랗게 울고
허공천에 지나가던 바람 파라람 파라람 운다

재선충 바글바글 덤벼 숨 멈춘 동족 보며
어둠이 지운 해처럼 흔적도 없이 사라질 거라고 구불구불 울다
목울대 툭 불거져 옹이 되도록 운다
비늘 다 벗겨져 속살 보이는 귀신 되어 운다

>
어려서는 강제로 사지 잘라
자신들 구미에 맞게 분재라는 죄목 붙여 화분에 가두고
자라서는 재목이라 목 잘라
이제 더 이상 살 수 없을 거라고 서럽서럽 운다

멈출 줄 모르는 인간 욕심에 잘려 죽고 말라 죽고
생식불능 되어 소나무란 말은 닫힐 거라고
슬피슬피 슬슬피피 운다

금등화

고속도로 방음벽에 금등화 초서草書를 쓰고있다
방음벽 능선 따라 주홍 초록빛으로 핀 명필들
구름이 방음벽 유리창 너머로 고개 내밀고 읽는다

탁, 탁, 탁,
유리벽에 부딪쳐 추락하는
새, 새, 새,

붉은 신호등 켜 들고
위험! 위험! 깜빡여도
날아오는 새의 속도 막을 수 없다

소음 막겠다는 유리방음벽 새 숨구멍 막아
쨱, 소리 못 내고 죽은
새영혼 나뭇잎처럼 날아내리는데
새야 죽거나 말거나
꽃야 지거나 말거나
빨리 더 빨리 속도를 제조해
무덤으로 달리기에 바쁜
새 죽음쯤은 새발의 피쯤으로 생각하는 인간들

〉

향긋한 시화詩畵 걸어놓고 새들 문상하는 금등화

여름비 하나둘, 조등弔燈을 끈다

파랗게 몸서리치던 싹들은 슬픔만 키워

도로에 주홍울음이 흥건하다

이런 몹쓸,

새들은 왜 능소화 시간에 죽어

싱싱한 계절에 목을 버리게 하는지

이리저리 뒹구는 저 많은 금등화 장례식 언제 다 치를지

빗줄기 잘라 주홍울음이나 쓸어야겠다

사실 고발 르뽀 생태시

둥근지구섬으로 여행 온 인간들

여기저기 기웃기웃 놀면서
플라스틱 비닐 1회용 만들어
해변 하천 산 들에 쓰레기 마구마구 날려
동물 배 갈라보면 플라스틱 비닐 가득하고
물위 악취 둥둥 떠다니고 초목 하얗게 죽어간다

상공에 하얗게 핀 구름떼가
수많은 사람 목숨 앗은 대가로
연기와 안개를 합쳐놓은 스모그란 이름을 얻는다

이산화황과 질산 결합해 뭉게구름으로 날아내리면
바다와 땅 헝클어지는 비명悲鳴에
동·식물 하얗게 바래가지만
욕망과 욕심으로
핵발전소 화학무기 만들어 공멸 자초하는 호모사피엔스

가뭄 태풍 홍수에 생을 씻는 생태계
이제 새들의 초경을 보기는 글렀다

>

지구섬에 여행 중인 사람

체험에 욕심을 부려 지구가 새까맣게 변하고 있다

지구 여행 중인 나는 바닷가에 서서 목이 바짝바짝 탄다

새가 허공에 쓴 직유법

삶뿌리 흰눈처럼 깨끗해지면 참 좋겠습니다.

온누리 흰눈처럼 희디희면 참 좋겠습니다.

행복가루 흰눈처럼 싸락싸락 쌓이면 참 좋겠습니다.

사랑도 희눈처럼 폴폴 내리면 참 좋겠습니다.

지옥 같은 푸른근심 흰눈으로 지우면 참 좋겠습니다.

후미진 곳에 고인 어둠 다 발라먹고, 밀려오는 슬픔더미에 하얀수련 피우면 참 좋겠습니다.

늙은 정한수 그릇에 담긴 흰기도에 주름살 지우고 물청빛 웃음 피면 참 좋겠습니다.

소나무 눈 터는 소리 푸드득, 푸르러지면 참 좋겠습니다.

온갖 더러움 흰눈으로 삶고 두드리고 행군 우주를, 빨랫줄에 널어 말리면 참 좋겠습니다.

＞
저 눈의 눈처럼 해맑은 웃음이,

까르까르르 펄럭이면 참 좋겠습니다.

해설

『올챙이를 산란하는 비요일』의 시 세계
— 이서빈의 시 세계

반경환 문학평론가

『올챙이를 산란하는 비요일』의 시 세계
— 이서빈의 시 세계

반경환 문학평론가

　이서빈 시인은 경북 영주에서 태어났고, 한국방송통신대학교 국어국문학과를 졸업했다. 2014년《동아일보》신춘문예로 등단했고, 민조시집『저토록 완연한 뒷모습』이외에도 첫 번째 시집『달의 이동 경로』와 두 번째 시집『함께, 울컥』을 출간한 바가 있다. 첫 번째 시집인『달의 이동 경로』가 '오체투지의 시학'이라면 두 번째 시집 인『함께, 울컥』은 그 깨달음을 통한 실천철학, 즉, '대화엄의 세계'라고 할 수가 있다.
　아는 것은 좋아하는 것만 못하고, 좋아하는 것은 즐기는 것만 못하다(공자). 이론철학과 실천철학을 변증법적으로 결합시킨 결과가 이서빈 시인의 세 번째 시집인『올챙이를 산란하는 비요일』의 세계라고 할 수가 있다. 엄마 뱃속의 올챙이들은 모든 근심과 걱정이 없는 어린아기들과도 같지만, 그러나 그 우무질을 뚫고 개구리로 변신을 해야 하는 올챙이는 "붓다의 염주알 굴리며" "올챙이의 무사함을 비는" '엄마의 기도' 없이는 그 기적의 주인공이 될 수가 없다. 이서빈 시인의 「올챙이를 산란하는 비요일」은 동화적인 색채를 띠고 있는 '성모의 노래'라고 할 수가 있지만, 이서빈 시인이 그의 제자들과 함께, 여섯 권의 환경시집을 출간한 만큼, 이 '지구촌 환경 지킴이의 노래'라고 할 수가 있다. 『함께, 울컥』, 『길이의 슬픔』, 『새파랗게 운다』, 『덜컥, 서늘해지다』, 『따끔따끔, 슬픔요일』, 『그러니까, 그 무렵』 등의 세계 최고의 환경시집들이 그것이며, 이서빈 시인은 대한민국의 역사상 가장 탁월하고 역사 철학적인 지식으로 무장을 하고, 한국문학의 세계화를 위해 모든 열정을 다 쏟아붓고 있는 것이다. 모든 제일급의 시인들은 너무나도 분명한 목표를 갖고 있으며, 단 한 걸음도 생략할 수 없는 발걸음으로 그 목표를 향해서 전진을 하고, 또 전진을 한다.

  이서빈 시인이란 과연 무엇을 하는 사람인가? 그는 '오체투지의 시학'을 통해서 크나큰 깨달음을 얻었고(『달의 이동 경로』), 그 앎을 온몸으로 실천하며(『함께, 울컥』), 그 이론철학과 실천철학을 통하여 모든 생명과 지구촌을 살리는 '대화엄의 시'를 쓰고 있다고 할 수가 있다. 이서빈 시인의 시 쓰기는 모든 영웅탄생의 신화와 맞닿아 있으며, 그 고귀하고 위대한 대서사시의 주인공이 되기 위하여 온몸으로, 온몸으로 시의 신전을 짓고 있는 것이다. 시인은 언어의 창조주이며, 그 언어의 신전을 짓고 있는 명장이라고 할 수가 있다. 다양성과 초지일관성, 이 무오류성의 펜으로

『달의 이동 경로』,『함께, 울컥』,『올챙이를 산란하는 비요일』, 그리고 이서빈 대하소설『소백산맥』,『창의력 사전』등이 그것이며, 이서빈 시집과 그의 소설은 그의 언어의 신전이라고 할 수가 있는 것이다.

이서빈 시인의『달의 이동 경로』,『함께, 울컥』,『올챙이를 산란하는 비요일』등은 한국문학의 경사이며, 그 인식의 깊이와 역사 철학적인 넓이와 높이는 세계문학의 경지에 올라서게 되었다. 대단히 장중하고 울림이 크고, 전인류를 감동시킬 만큼 고귀하고 위대한 역사 철학적인 깊이를 지녔으며, 곧, 가까운 시일내에 '이서빈의 시대'가 다가오게 될 것이다.

    천재는 태어나는 것이 아니라 느닷없이 출현한다. '오체투지의 시학'은 그 무엇보다도 뜨거운 열정의 소산이며, 시인은 단어 하나, 토씨 하나에도 자기 자신의 목숨을 걸었던 것이다. 이서빈 시인의 시는 붉디 붉은 피로 씌어진 것이고, 이 티없이 맑고 순수한 피가 모든 인류의 더럽고 때묻은 피를 씻어주게 될 것이다. 이서빈 시인의『달의 이동 경로』는 한국문단의 경사이며, 우리 대한민국과 우리 한국어의 영광을 위해서 그 지혜의 등불을 영원히 밝히게 될 것이다.
    반경환,『달의 이동 경로』해설에서

이서빈 시인의 한국어는 다이아몬드이며, 그의 두 번째 시집인 『함께, 울컥』은 다이아몬드의 광산이다. 다이아몬드는 그 희소성 때문에 사용가치와 교환가치가 세계 최고가 되지만, 그러나 이서빈 시인의 한국어, 즉, 다이아몬드 광산은 천문학적인 그 매장력을 자랑한다. 한국어는 우리 한국인들의 영원한 자산이며, 그 언젠가, 그 어느 때는 전인류의 공용어가 될 것이다. 존재의 역사는 결의 역사이고, 결의 역사는 투쟁의 역사이다. 어느 누구나 "가나다라마바사/ 가나다라마바사/ 슬픔 찢고 나온 푸른 휘파람/ 울컥나라 국기에 울컥울컥 희망"의 깃발을 펄럭이며, '함께, 울컥의 대화엄의 세계'를 펼쳐보일 수 있는 것은 아니다. 시인 만세, 이서빈 만세의 세상이 올 것이다!!
―반경환,『함께, 울컥』해설에서

  더없이 비천하고 하찮은 인간은 천재를 미치광이로 취급하고 비웃는 반면, 이 세상의 평범한 인간들은 천재의 말을 들으면 반신반의하고 좀처럼 자기 자신의 실력으로 판단하지를 못한다. 하지만, 그러나 천재는 천재를 단번에 알아보며 '남북통일의 길'과 '고급문화인의 길'은 만 개도 넘는다는 사실을 곧바로 알아차린다. 요컨대 고귀하고 위대한 시인이 고귀하고 위대한 시를 쓰고 전 인류를 감동시킨다면 모두가 다같이 고급문화인이 되고 남북통일은 저절로 이루어지게 되는 것이다. 시는 사상의 꽃이고 사상은 시의 열매이다. 깊이 있게 공부하고 사상과 이론을 정립하면 기적은 너무나도 쉽고, 아주 간단하다.
  나와 이서빈 시인과의 인연은 우연이 아닌 필연의 쳇바퀴와도 같으며, 그런 점에서 하늘이 맺어준 인연이라고 할 수가 있다. 첫 시집『달의 이동 경로』의 해설도 내가 썼고, 두 번째 시집『함께, 울컥』의 해설도 내가 썼다. 따라서 이 세 번째 시집『올챙이를 산란하는 비요일」의 해설만큼은 정중하게 사양했지만, 그러나 어쩔 수 없이 이 글을 쓰며, '반경환 명시감상' 아홉 편을 해설 대신 수록하고자 한다.

 동종과 이종, 인간과 바람, 매미와 장대비, 휘파람새와 새털구름, 시인과 고추잠자리, 고추와 햇빛물고기 등의 너무나도 거칠고 힘찬 비명이 한바탕 쓸고 간 고추밭, "붉으락푸르락 하던 고추와 눈 뒤집힌 잠자리 고추가／ 일시에 새빨갛게 익는다."
 치명적 오후, 젊은 그늘이 축 늘어졌다. 성의 향연은 짧고, 이서빈 시인의 「한바탕 일기」의 대단원의 막이 내린다.
 한바탕의 일기, 한바탕의 성의 향연(한바탕의 자연의 성교)—.
 개체는 생멸을 거듭하지만, 종은 영원하다.
 —「한바탕 일기」에 대하여

 요컨대 이서빈 시인과 지렁이는 둘이 아닌 하나이며, 나는 그 지렁이와 함께 피를 토하듯이 한 자, 한 자 온몸으로 시를 쓰고 있는 것이다. 이서빈 시인의 「지렁이 하혈하는 밤」은 검은 잉크로 쓰지 않고 붉디 붉은 피로 쓴 시이며, 또한, 그 시는 손으로 쓰지 않고, 지렁이처럼 "꿈ㅅ틀ㅅ 꿈ㅅ틀" 온몸으로 쓴 것이다.
 「지렁이 하혈하는 밤」은 '남과 다른 시쓰기 동인들'과 이서빈 시인이 하혈하는 밤이며, 대자연의 푸른 숲과 모든 생명체들이 다 죽어가는 밤이라고 할 수가 있다. 인간의 탐욕이 만물의 영장이라는 특권으로 포장되고, 만물의 영장이라는 특권이 '돌대가리 중의 돌대가리들'인 악마들의 잔혹극으로 이어지고 있는 것이다.

―「지렁이 하혈하는 밤」에 대하여

　이서빈 시인의 「길이의 슬픔」은 '인문주의의 파산선고'이자 '인간이라는 종의 멸망선고'라고 할 수가 있다. 탐욕의 길은 오솔길도 없고, 쥐구멍도 없고, 그 어떠한 탈출구도 없다. "말라서 토막 난 지구"를 끌고 가는 개미떼가 그 인광燐光을 뿜어내고, 모든 종들의 울음소리는 이미 삭제되었다. "마치 영원히 휴가를 떠나듯/ 드디어, 마침내, 기어이/ 잴 수도 멈출 수도 되돌릴 수도 없는 슬픔의 자벌레"―.
　탐욕의 포로인 자벌레, 「길이의 슬픔」은 서정시인의 슬픔이 되고, 그 어떤 도피처도 없는 최후의 단말마의 비명이라고 하지 않을 수가 없다.
　자본가는 서정시인의 목을 비틀고, 돈은 서정시의 시뻘건 피를 빨아먹는다.
　―「길이의 슬픔」에 대하여

　이서빈 시인의 「올챙이를 산란하는 비요일」은 동화적인 색채를 띠고 있는 '성모의 노래'라고 할 수가 있다. 엄마 뱃속의 올챙이들은 모든 근심과 걱정이 없는 어린아기들과도 같지만, 그러나 그 우무질을 뚫고 개구리로 변신을 해야 하는 올챙이는 "붓다의 염주알 굴리며" "올챙이의 무사함을 비는" '엄마의 기도' 없이는 그 기적의 주인공이 될 수가 없다.
　―「올챙이를 산란하는 비요일」에 대하여

　시인은 언어의 창조주이자 언어의 명장이며, 영원한 전인류의 수호신이다. 이제 이서빈 시인과 늘 푸른 소나무들도 병이 들었고, "언제 숨 잘릴지 모르는 시한부 어깨 들썩이며 운다."

새파랗게 운다. 무섭다.

이서빈 시인은 최후의 단말마의 비명 소리 ―「새파랗게 운다」가 지구촌을 덮친다.

―「새파랗게 운다」에 대하여

이서빈 시인의「지구 해열제」는 생태환경시의 진수이며, 온몸으로, 온몸으로 이 지구촌을 살리려는 열정으로 가득차 있는 시라고 할 수가 있다. 시는 열정이고, 이 열정으로 가득찬 시인은 자기 자신을 불살라 이 지구촌을 살려낼 '지구 해열제'를 생산해낸다.

이서빈 시인의 언어에는 대자연의 푸르름과 모든 생명체들이 다같이 뛰어놀며 평화롭게 살아가던 옛 추억이 묻어 있다. 그의 언어는 모든 생명체들의 씨앗과도 같으며, 그의 언어들에 의해서 모든 인간들의 탐욕을 제거하고 지구촌을 되살릴 수 있는 '지구 해열제'가 탄생하게 될 것이다.

―「지구 해열제」에 대하여

자유의 모자, 평등의 모자, 사랑의 모자 ―, 이 모자와 모자들이 모이면 천하무적의 애국시민이 되고, 그 어떤 황제와 로마교황의 모자보다도 더욱더 고귀하고 자랑스러운 모자가 될 수가 있는 것이다.

이서빈 시인의「모자의 항변」: "자네는 단 한 번이라도 남을 위해 치열하게 싸워본 적이 있는가!"라는 시구는 우리 대한민국을 일등

국가와 일등국민의 나라로 만들어야 한다는 너무나도 고귀하고 위대한 '애국시민의 사자후'라고 할 수가 있는 것이다.

이서빈 시인의 「모자의 항변」은 붉디붉은 사자후이며, 이 지구상에서 가장 고귀하고 아름다운 대한민국의 찬가라고 할 수가 있다.

―「모자의 항변」에 대하여

벌떼가 모두 열반에 들고 모두가 다같이 「따끔따끔, 슬픔요일」을 살고 있는 이때에, 인류의 역사상 최후의 악마인 트럼프가 이렇게 헛소리를 하며 지랄발광을 한다.

가자지구의 원주민인 팔레스타인들을 다 쫓아내고 미국의 휴양지로 개발할 것이고, 그린란드를 안 팔면 무력으로 점령할 것이다. 우크라이나의 영토와 천연자원도 다 미국의 것이고, 캐나다의 영토도 미국의 영토이고, 파나마 운하도 다 미국의 것이다.

하나, 둘, 셋, 넷―. 드디어, 마침내 탐욕의 지구촌이 대폭발한다.

―「따끔따끔, 슬픔요일」에 대하여

명시감상

이서빈의 시 9편에 대하여

─「따끔따끔, 슬픔요일」, 「모자의 항변」, 「지구 해열제」, 「새파랗게 운다」, 「올챙이를 산란하는 비요일」, 「길이의 슬픔」, 「지렁이 하혈하는 밤」, 「한바탕 일기」, 「개복숭아꽃」

반경환 문학평론가

이서빈의 시 9편에 대하여
―「따끔따끔, 슬픔요일」, 「모자의 항변」, 「지구 해열제」, 「새파랗게 운다」, 「올챙이를 산란하는 비요일」, 「길이의 슬픔」, 「지렁이 하혈하는 밤」, 「한바탕 일기」, 「개복숭아꽃」

반경환 문학평론가

따끔따끔, 슬픔요일

이 서 빈

벌떼가 열반에 들었다

꽃에 입맞춤한
벌 혓바닥에 제초제가 스몄다

벌 날개에 어지러움이 걸려
풍뎅이처럼

풍풍풍 허공 날아오른다
비출비출 공중 흔들다

벌나무 능선에
비밀을 걸어놓고
꽃잎 되어 날아내린 벌떼
온몸이 화끈화끈 따갑다

벌벌벌벌, 떨던 아기벌들
입가에 침을 흘리며
알 수 없는 사이로 굴러떨어졌다

그 이후
꽃은 깨끼발로
아 기다리고 기다려도
공갈 젖꼭지처럼
벌은 오지 않았다

꽃들 모두 멸종되었다는 기별이
뉴스로 흘러나와 잠을 태워버린 밤

아직 태어나지도 않은
우람한 멸종을 세어보는 우울

부겐빌레아 꽃향기처럼 슬픈입술을 가진
벌침이 명치끝을 찌르는 따끔따끔, 슬픔요일

인간의 탐욕을 최고의 선으로 미화시킨 인간이 있으니, 버나드 맨더빌이 바로 그 인간이라고 할 수가 있다. 버나드 맨더빌은 그의 책, 『꿀벌의 우화』를 통해서 중세의 기독교적 금욕주의와 이타주의를 비웃고, "악덕이라는 욕심이야말로 경제를 살리는 원동력이며, 사치는 생산을 늘리고 일자리를 만들어 모든 인간들을 다 잘 살 수 있게 한다"고 역설한 바가 있었다. 버나드 맨더빌은 이 『꿀벌의 우화』를 통해서 모든 기독교인들에게 악명을 떨쳤지만, 그러나 그의 '탐욕론'은 자본주의의 경제학인 아담 스미스의 『국부론』을 탄생시켰고, 오늘날의 최첨단 경제발전과 '탐욕 만세의 세상'을 창출했다고 할 수가 있다.

'탐욕 만세의 세상', 즉, '자본주의'는 오늘날의 최고급의 문명과 문화를 창출해냈고, 수많은 사람들이 시공간을 뛰어넘어 행복한 생활을 하게 하고 있지만, 그러나 자본주의는 이기주의를 극단화시키는 반 사회적인 암적 종양이라고 할 수가 있다. 자본은, 탐욕은 수많은 재화들을 창출해내고, 그 재화에 대한 소유권 다툼으로 '만인 대 만인의 싸움'을 연출해냈으며, 이 세상의 최고의 부자들이 모든 명예와 영광을 독식함으로써, 수많은 동식물들의 삶을 말살하고, 자연환경과 생태환경을 다 파괴시키게 되었던 것이다. 그린란드의 지하자원도, 북극해의 천연가스와 석유도, 남극해의 지하자원도 다 개발해야 했고, 히말라야의 설산의 암석도, 아마존의 열대우림도, 동남아시아의 고무와 천연자원도 다 채굴하고 벌목하지 않으면 안 되었던 것이다. 그 결과, 수많은 동식물들이 멸종되거나 자취를 감추었고, 남극과 북극, 히말라야의 설산과 시베리아의 동토도 다 녹아내리며, 이상

고온과 이상저온, 대홍수와 대폭설, 수많은 화산폭발과 가뭄 등으로 오늘날의 지구촌은 마치 열병환자처럼 몸살을 앓고 있는 것이다.

　오늘날 우리 인간들은 이서빈 시인의 절규처럼 「따끔따끔, 슬픔요일」을 살며, "아직 태어나지도 않은/ 우람한 멸종을 세어보는 우울"을 산다. "꽃에 입맞춤한/ 벌 혓바닥에 제초제가" 스몄고, "벌떼가 열반에 들었"던 것이다. 버나드 맨더빌은 꿀벌은 일벌이고, 이 일벌들이 천년, 만년, 황금의 벌꿀을 생산할 줄로만 알았지, 이 꿀벌들이 사라지면 지구촌의 인간도 멸종하게 될 것이란 사실은 몰랐던 것이다. 너무나도 때 이른 봄꽃 소식에 눈떴다가 느닷없이 찾아온 한파에 얼어죽은 벌들, 시도 때도 없이 산을 깎고 강과 호수를 메우는 개발정책 때문에 삶의 터전을 잃어버린 벌들, 더 많은 수확과 더 많은 돈을 벌려는 탐욕으로 살포해대는 맹독성 농약 때문에, 어느덧 미국 양봉장의 벌들이 25-40%가 사라졌다고 한다. 이 꿀벌들의 수효의 급감은 식량 위기를 불러올 수도 있는데, 왜냐하면 식량 자원의 3분의 1이 꿀벌들에 의해 수정이 이루어지기 때문이다.

　탐욕은 만악의 근원이고, 이 탐욕이라는 악마가 버나드 맨더빌이라는 악마를 낳았고, 버나드 맨더빌이라는 악마가 아담 스미스라는 악마를 낳았다. 탐욕은 가정과 마을과 단체와 정당과 국가를 파괴시켰고, 개인의 자유와 행복이라는 미명 아래 '인간과 인간의 관계'를 '적대 관계'로 만들었다. 그 결과, 고소 고발과 소송전이 일상생활이 되었고, 어느 누구도 공동체 사회를 돌보지 않는다.

자연의 수호신이자 대천사인 "벌떼가 열반에 들었고", "벌벌 벌벌, 떨던 아기벌들/ 입가에 침을 흘리며/ 알 수 없는 사이로 굴러떨어졌다." "그 이후/ 꽃은 깨끼발로/ 아 기다리고 기다려도/ 공갈 젖꼭지처럼/ 벌은 오지 않았다." "꽃들 모두 멸종되었다는 기별이/ 뉴스로 흘러나와 잠을 태워버린 밤", "아직 태어나지도 않은/ 우람한 멸종을 세어보는 우울", "부겐빌레아 꽃향기처럼 슬픈 입술을 가진/ 벌침이 명치끝을 찌르는 따끔따끔, 슬픔요일"—.

벌떼가 모두 열반에 들고 모두가 다같이 「따끔따끔, 슬픔요일」을 살고 있는 이때에, 인류의 역사상 최후의 악마인 트럼프가 이렇게 헛소리를 하며 지랄발광을 한다.

가자지구의 원주민인 팔레스타인들을 다 쫓아내고 미국의 휴양지로 개발할 것이고, 그린란드를 안 팔면 무력으로 점령할 것이다. 우크라이나의 영토와 천연자원도 다 미국의 것이고, 캐나다의 영토도 미국의 영토이고, 파나마 운하도 다 미국의 것이다.

하나, 둘, 셋, 넷—.

드디어, 마침내 탐욕의 지구촌이 대폭발한다.

모자의 항변

이 서 빈

진달래나무 머리에 올라앉은 모자가 붉은울음을 우네

날 보고 왜 꼭 머리 꼭대기서 군림하기만 좋아하냐고?
그리 한가한 소리 마시게

농부 머리에 서서 땡볕과 싸우고

투수 머리에 서서 타자와 싸우고

마술사 머리에 서서 관객 눈빛과 싸우고

대머리에 서서 창피猖披와 싸우고

공사장 인부 머리에 서서 온갖 위험과 싸우고

머리위에 서서 목숨 걸고 싸우는 나를 군림한다고 매도하다니

여보시게나

소쩍새가 배고프다 피울음 울 때
장군들은 왜 나라를 구해 이렇게 배고파 울게 만드냐고 할 텐가?

피로 나라를 구한 장군들 원혼이 자신을 달래기 위해
봄이면 진달래나무 머리에 붉은모자로 환생해

이 나라가 피로 얼룩지지 못하게 싸우고 있다네

자네는 단 한 번이라도 남을 위해 치열하게 싸워본 적이 있는가!

  모자란 무엇이고, 모자에는 어떤 종류들이 있는 것일까? 모자란 머리에 쓰는 것을 통틀어 말하는 것이고, 모자의 종류는 아주 다양하고 많다는 것을 알 수가 있다. 밀짚모자와 야구모자, 정장모자와 생활현장의 안전모자 등이 있으며, 밀짚모자와 야구모자 등은 레저와 스포츠용품이라는 것을 뜻하고, 군인, 학생, 간호사, 경찰, 승무원, 사제, 황제 등이 쓰는 모자는 사회적 지위와 권위를 나타내는 정장모자를 뜻하며, 농부와 노동자들과 사냥꾼들의 모자는 그야말로 생명보호가 주목적인 모자라는 것을 뜻한다. 모자는 이처럼 일생생활의 생활용품이자 생명보호의 안전모자이며, 그리고 사회적 지위와 권위를 나타내는 용도로 아주 다양하고 폭넓게 쓰이고 있으며, 그 사회적, 문화적 의미는 '모자의 현상학'으로 정립할 수도 있을 것이다.

  이서빈 시인의 「모자의 항변」은 애국시민의 모자이며, 상하의 신분을 떠나서 "남을 위해 치열하게 싸워"온 자의 초상이라고 할 수가 있다. 잎보다 먼저 피고 그토록 사납고 무섭던 동장군을 물리친 진달래를 모자로 인간화시키고, 이 모자야말로 천하무적의 상승장군이라고 역설하고 있는 것이다. 진달래모자는 다인들의 머리 꼭대기에서 군림하기 좋아하는 모자가 아닌데, 왜냐하면 "소쩍새가 배고프다 피울음 울 때" 그 민중들을 구원하기 위해 자기 자신의 목숨을 바쳐온 애국시민이기 때문이다. 진달래나무의 모자는 장군과 사제와 황제의 모자처럼 사회적 지위와 권위를 나타내는 모자가 아니라, "피로 나라를 구한 장군들의 원혼이 자신을 달기 위해/ 봄이면 진달래나무 머리에 붉은모자로 환생해/ 이 나라가 피로 얼룩지지 못하게 싸우고" 있는 그야말로 애국시민의 모자라고 할 수가 있는 것이다. 진달래나무의 모자는 삼천리 금수강산을 하나로 물들이는 모자이며, 대한민국 전체의 애국시민을 뜻하는 집단명사라고 할 수가 있다.

민주주의 사회에서의 주권이 국민에게 있듯이, 모든 선진국가에서는 애국시민이 아닌 사람이 없다. 농부의 머리에 서서 땡볕과 싸우고, 투수의 머리에 서서 타자와 싸운다. 마술사의 머리에 서서 관객의 눈빛과 싸우고, 대머리에 서서 창피獧披와 싸운다. 공사장 인부의 머리에 서서 온갖 위험과 싸우고, "소쩍새가 배고프다고 피울음 울 때"는 그 가난하고 헐벗고 굶주린 사람들을 위해 싸운다.

이서빈 시인의 모자는 사회적 지위와 권위를 나타내는 모자도 아니고, 수많은 신사와 숙녀들의 장식용 모자도 아니다. 또한, 이서빈 시인의 모자는 밀짚모자와 야구모자처럼 단순 레저와 스포츠 용품의 모자도 아니고, 대한민국의 민심과 국력을 하나로 결집시키는 애국시민의 모자라고 할 수가 있다.

자유의 모자, 평등의 모자, 사랑의 모자―, 이 모자와 모자들이 모이면 천하무적의 애국시민이 되고, 그 어떤 황제와 로마교황의 모자보다도 더욱더 고귀하고 자랑스러운 모자가 될 수가 있는 것이다.

이서빈 시인의「모자의 항변」: "자네는 단 한 번이라도 남을 위해 치열하게 싸워본 적이 있는가!"라는 시구는 우리 대한민국을 일등국가와 일등국민의 나라로 만들어야 한다는 너무나도 고귀하고 위대한 '애국시민의 사자후'라고 할 수가 있는 것이다.

이서빈 시인의 「모자의 항변」은 붉디붉은 사자후이며, 이 지구상에서 가장 고귀하고 아름다운 대한민국의 찬가라고 할 수가 있다.

지구 해열제

이 서 빈

한겨울인데 열 펄펄 끓이며
춥다고 몸서리치는 지구

어디 지구 해열제 만들어 낼 제약회사 없을까?
필사적 몸부림으로 지구가 낳은 식물
당뇨 혈압 고지혈 진폐증 골다공증 동맥경화
오염에 헤아릴 수 없는 고질병에 시달린다
세상 오염 편집하는 전문가 없을까?

몇십 년 전 오염 참다 못한 배추머리개그맨
'지구를 떠나거라' 외치자
인간은 인공위성 쏘아 올리며 '지구를 떠나거라'
웃지 못할 개그 하면서 웃고 있다

오염에 찌든 별들
햇살 좋은 날 강물에 뛰어내려 몸 씻자
반쯤 남은 낮달 시든 목소리
물도 다, 다, 다, 썩, 썩, 썩,
'었다'는 말 입속에 두고 스르르, 숨 감는다

죽은 지구에 한 번도 살아보지 못한 인간은
지구가 죽으면 자신이 죽는다는 걸 모른다

환풍기는 쉬지 않고 매연을 돌리고

지구는 해열제 한 알 구하지 못해
끙끙 앓고
하늘은 유령처럼 검은 눈물 흘리고 있다

 이 세상에서 '만물의 영장'이라는 동물처럼 어리석은 동물도 없을 것이다. 우리 인간들은 '나는 생각한다, 고로 존재한다'라는 말에서처럼 '사유하는 인간'에 그 존재의 뿌리를 내리고 있으면서도 '만물의 영장'이라는 맹신에 사로잡혀서 그 미치광이들의 삶의 형태를 벗어나지 못한다. 자연은 만물의 터전이고, 우리 인간들은 자연의 품을 떠나서 결코 살아갈 수가 없다. 이 자명한 이치, 즉, 이 자연의 법칙을 너무나도 잘 알고 있으면서도 만물을 지배하고 자연을 정복하겠다는 우리 인간들의 탐욕이 '인문주의'라는 종교를 낳았고, 이 인문주의의 종교는 우리 인간들의 영생불사의 꿈을 위하여 만물의 터전인 자연을 정복하기에 여념이 없었다고 해도 과언이 아니다. 유전자 공학과 생명공학은 인간의 질병을 치료하는 것은 물론, 인간의 수명을 연장시켰지만, 그러나 그것이 모든 국가를 요양원과 요양병원의 천국으로 만들었다는 사실은 결코 강조하지 못한다. 컴퓨터 산업과 디지털 혁명은 로봇인간과 인간보다도 더 뛰어난 인공지능을 만들었지만, 그러나 그것이 곧바로 인간의 죽음과 역사의 종말에 이르는 지름길이라는 사실은 결코 강조하지 않는다. 인문주의는 탐욕에 기초해 있고, 이 탐욕은 광신에 기초해 있으며, 이제는 막가파식의 한탕주의로 돈밖에 모르는 인간들을 출현시키게 되었던 것이다.

 소크라테스가 '너 자신을 알라'라고 외쳐도 아무런 소용이 없고, 공자가 '아침에 도를 들으면 저녁에 죽어도 좋다'라고 외쳐도 아무런 소용이 없다. 노자가 '무위자연'을 외치며 물소를 타고 사라져 가도 아무런 소용이 없고, 스토아 학파와 장 자크 루소가 '자연으로 돌아가라'고 외쳐도 아무런 소용이 없다. 현대 사회의 근본 토대는 탐욕이며, 더 많이, 더 빨리, 더 많은 돈을 벌기 위해서는 그 모든 전쟁과 반란과 혁명과 자연의 파괴와 대량학살마저도 다 저지르고 본다. 탐욕은 불이고 불꽃이고, 오늘도 이 탐욕이 '경제의 탈'을 쓰고 활활활, 타오른다. 돈은 태양이고 달이며, 돈은 우주 전체이며, 우리 인간들의 탐욕의 원동력이다. 돈으로 해가 뜨고 돈으로 해가 진다. 돈으로 초신성들이 태어나고, 돈으로 대폭발이 일어나며, 돈으로 수많은 생명체들이 죽어간다. 이 세상의 모든 사랑과 평화와 행복과, 그리고 그 반대방향에서, 이 세상의 모든 전쟁과 불화와 불행마저도 돈이 다 주재한다.

이서빈 시인의 「지구 해열제」는 자연을 만물의 터전으로 되돌리려는 생태환경의 시이며, 제정신을 갖고 '지구 해열제'를 생산해내려는 인문주의의 산물이라고 할 수가 있다. "한겨울인데 열 펄펄 끓이며/ 춥다고 몸서리치는 지구"를 보면서 "어디 지구 해열제 만들어 낼 제약회사 없을까"라는 시구는 만물의 영장이 아닌, 우리 인간의 자기 반성과 성찰에 맞닿아 있다고 할 수가 있다. "죽은 지구에 한 번도 살아보지 못한 인간은/ 지구가 죽으면 자신이 죽는다는" 것을 모른다는 것—, 이 무식함, 아니, 이 무식함을 가장한 교활함 때문에, 지구는 더욱더 병들고 있는데, 왜냐하면 "몇십 년 전 오염 참다 못한 배추머리개그맨이/ '지구를 떠나거라' 외치자" 이제는 "인공위성을 쏘아 올리며 '지구를 떠나거라'"라고, "웃지 못할 개그"를 하고 있기 때문이다. 전자의 배추

머리개그맨의 '지구를 떠나거라'는 생태환경 오염의 주범들을 향한 최후의 심판과도 같은 말이지만, 후자의 자본가들의 '지구를 떠나거라'는 막가파식의 한탕주의로 지구를 오염시켜 놓고, 우주 식민지로 도망을 가려는 모습과도 같다고 하지 않을 수가 없다.

지구가 죽으면 모든 생명체들도 다 죽고, 인간도 죽는다. 인공위성을 쏘아올리며 우주 식민지를 개척하고 싶어하지만, 이 우주 어느 곳에서도 돈을 위해 살고 죽으며, 돈을 위해 그토록 무자비하고 철두철미하게 모든 에너지를 다 불태우는 돈의 노예들을 용서해줄 별들은 없을 것이다. 한 겨울인데도 열이 펄펄 끓어오르며 춥다고 몸서리 치는 지구, "당뇨 혈압 고지혈 진폐증 골다공증 동맥경화" 등, 온갖 오염에 시달리는 식물들, 이제는 모든 별들마저도 오염에 찌들었고, "햇살 좋은 날" "반쯤 남은 낮달도 시든 목소리"로 '물도 다 썩었다'고 숨을 끊는다. 모든 환풍기, 모든 바람마저도 대기오염의 매연을 확산시키고, "지구는 해열제 한 알 구하지 못해" 끙끙 앓으며 죽어간다.

하늘은 유령처럼 검은 눈물을 흘리고, 모든 별들과 우주 전체가 다 사라진다.

이서빈 시인의 「지구 해열제」는 생태환경시의 진수이며, 온몸으로, 온몸으로 이 지구촌을 살리려는 열정으로 가득차 있는 시라고 할 수가 있다. 시는 열정이고, 이 열정으로 가득찬 시인은 자기 자신을 불살라 이 지구촌을 살려낼 '지구 해열제'를 생산해 낸다.

이서빈 시인의 언어에는 대자연의 푸르름과 모든 생명체들이

다같이 뛰어놀며 평화롭게 살아가던 옛 추억이 묻어 있다. 그의 언어는 모든 생명체들의 씨앗과도 같으며, 그의 언어들에 의해서 모든 인간들의 탐욕을 제거하고 지구촌을 되살릴 수 있는 '지구 해열제'가 탄생하게 될 것이다.

이서빈 시인의 언어는 티없이 맑고 깨끗하며, 제일급의 정신에 걸맞게 푸르고 푸른 지구촌의 꿈과 희망이 자라나고 있다고 할 수가 있다. 이서빈 시인이 온몸으로, 온몸으로 이끌고 있는 '남과 다른 시쓰기 동인'과 그 동인들의 생태환경 시집 『함께, 울컥』, 『길이의 슬픔』, 『덜컥, 서늘해지다』가 바로 그것을 증명해준다.

새파랗게 운다

이 서 빈

외발로 서 있는 소나무 온몸이 따끔거린다
이 세상 바늘 다 소나무 몸에서 나온 것
바람 구름 안개의 모시적삼
새들과 벌나비 온갖 곤충 옷 천의무봉 솜씨로 한 땀 한 땀
손가락 곱도록 품삯 한 푼 없이 지어 계절의 온도습도 조절했다
그들의 옷 짓는 일로 일생 보낸 장인 목에
시퍼런 전기톱 소리 초승달보다 섬뜩한 날 선다
톱날에 잘려 나온 톱밥 펄펄 마지막 숨 흩날리며 땅으로 고요히 내려앉는다

아름드리 소나무가 흐느낀다
언제 숨 잘릴지 모르는 시한부 어깨 들썩이며 운다
별빛도 파랗게 파랗게 새파랗게 울고
허공천에 지나가던 바람 파라람 파라람 운다

재선충 바글바글 덤벼 숨 멈춘 동족 보며 어둠이 지운 해처럼 흔적도 없이 사라질 거라고 구불구불 울다 목울대 툭 불거져 옹이 되도록 운다
비늘 다 벗겨져 속살 보이는 귀신 되어 운다 어려서는 강제로 사지 잘라
자신들 구미에 맞게 분재라는 죄목 붙여 화분에 가두고
자라서는 재목이라 목 잘라 이제 더 이상 살 수 없을 거라고 서럽서럽 운다

멈출 줄 모르는 인간 욕심에 잘려죽고 말라죽고
생식불능 되어 소나무란 말은 닫힐 거라고
슬피슬피 슬슬피피 운다

  시인이란 누구인가? 시인은 그의 삶의 체험(공부)과 그 체험에서 얻어낸 삶의 지혜로 인간의 마음을 자극하고 새로운 인간으로 탄생하게끔 만들어준 전인류의 스승이라고 할 수가 있다. 시인은 언어의 창조주이자 그 언어의 사원을 짓는 명장이라고 할 수가 있다. 이 세계는 시인의 언어로 창조된 세계이며, 이 세계는 시인의 몸(바늘-언어)으로 짜여진 세계인 것이다.

  시인은 외발로 서 있는 소나무와도 같고, 자기 자신의 바늘에 찔려 온몸에 따끔거리는 상처를 갖고 산다. "이 세상의 바늘이 다 소나무 몸에서 나온 것"이고, "바람 구름 안개의 모시적삼/ 새들과 벌 나비 온갖 곤충 옷"들을 "천의무봉 솜씨로 한 땀 한 땀" "손가락 곱도록 품삯 한 푼 없이" 직조해 왔던 것이다.

  하지만, 그러나 모든 인간과 생명체들이 다 사망선고를 받았고, 경제학에 기초를 둔 인공지능(AI)의 시대가 도래하게 되었다. 언어의 태양, 언어의 달, 언어의 별, 언어의 대지, 언어의 바다, 언어의 숲, 언어의 사막, 언어의 새들, 언어의 동식물들, 언어의 대평원과 언어의 대빙하들이 다 붕괴되고, "아름드리 소나무"와 시인들이 "언제 숨 잘릴지 모르는 시한부 어깨 들썩이며" "새파랗게 운다." "시퍼런 전기톱 소리 초승달보다 섬뜩"하고, "별빛도 파랗게 파랗게 새파랗게" 운다. "재선충 바글바글 덤벼 숨 멈춘 동족 보며/ 어둠이 지운 해처럼 흔적도 없이 사라질 거라고 구불구불" 운다. "목울대 툭 불거져 옹이 되도록" 울고, "비늘

다 벗겨져 속살 보이는 귀신되어 운다." "어려서는 강제로 사지 잘라/ 자신들 구미에 맞게 분재라는 죄목 붙여 화분에 가두고/ 자라서는 재목이라 목 잘라/ 이제 더 이상 살 수 없을 거라고" 서럽게, 서럽게 운다.

돈과 명예는 같은 무대에 설 수가 없다는 말이 있듯이, 돈과 인간의 관계는 불구대천의 천적관계이며, 우리 인간들의 일에 돈이 개입되면 그 모든 역사와 전통과 이 세상의 삶의 지혜와 인간관계가 다 파탄이 난다. 돈은 배신과 음모와 사기와 살인과 강도짓 등을 다 사주하는 것은 물론, 전쟁과 내란과 수많은 살생과 생태환경의 파괴까지도 다 연출해낸다. 돈은 악마의 화신이자 모든 불행한 사건의 연출자이며, 이 돈의 맛에 중독되면 그 어떤 수치심과 도덕성도 다 없어지게 된다. 돈은 자본주의에 기초해 있고, 자본주의의 경제학은 시인과 인간의 목을 비틀고 서정시와 인문학의 싹을 다 잘라버린다. 국가와 사회와 회사의 조직체도 다 무너졌고, 학교와 군대와 병원의 조직체는 물론, 가정과 부모형제와 이웃과 친족의 관계도 다 무너졌다.

인간은 어디에서 태어났고, 어디로 가고 있는가? 돈으로부터 태어나서 돈의 노예로 살다가 돈의 화장터로 가게 된다. 돈이 없으면 산부인과에서 태어날 수도 없고, 돈이 없으면 학교 교육과 문화적 혜택을 누릴 수도 없고, 돈이 없으면 요양원과 요양병원과 화장터에도 갈 수가 없다. 장수만세의 세상은 사는 비용보다도 은퇴 이후 요양원과 요양병원, 그리고 아무런 연고도 없이 화장터에서 소각되기까지의 죽는 비용이 더 많이 드는 세상이라고 할 수가 있다. 자식도, 마누라도, 손자도 필요가 없고, 단 한 푼의

유산도 남기지 않고 다 쓰고 화장터로 가라는 것이 자본주의 사회의 지상명령이라고 할 수가 있다.

자유와 평화와 사랑의 합창 대신, 고소-고발의 소송전의 찬가가 울려 퍼지고, 임전무퇴와 초전박살의 정신이 모든 시민과 군인과 국회의원과 대통령의 의식과 무의식을 가득 채운다. 무서워하는 사람과 무서워하는 사람만이 모여서 우울증과 정신분열증을 앓으면서 새파랗게 운다.

황금알을 낳던 거위가 울고, 봄부터 가을까지 꽃 피고 열매를 맺던 산천초목이 울고, 만지는 것마다 황금이 되게 해달라고 빌던 미다스 왕(자본가)이 운다. 헐벗은 산, 헐벗은 들, 오폐수로 가득한 강과 호수와 바다, 이상 고온과 이상 저온 등, 우리 자본가들의 욕심에 "잘려죽고 말라"죽은 생명체들이 새파랗게 운다.

시인은 언어의 창조주이자 언어의 명장이며, 영원한 전인류의 수호신이다. 이제 이서빈 시인과 늘 푸른 소나무들도 병이 들었고, "언제 숨 잘릴지 모르는 시한부 어깨 들썩이며 운다."

새파랗게 운다. 무섭다. 이서빈 시인은 최후의 단말마의 비명소리「새파랗게 운다」가 지구촌을 덮친다.

올챙이를 산란하는 비요일

이 서 빈

비요일
유리창에서 올챙이가 끊임없이 태어난다

한 마리 두 마리
끝없이 줄지어
눈썹 휘날리며 곤두박질치며 헤엄치는 올챙이

다리는 뱃속에서 속도를 굴린다

볼록한 비밀에 싸여있던
앞다리 뒷다리
뽕알 뽕알 뽕알 뽕알
우주 깨고 밖으로 나오면
전생을 까맣게 잊는 순간이다

뱀눈알 냄새가 번지는지
체온보다 뜨거운 속도로
휘릭휘릭 유리창 거침없이 질주하는 올챙이

겨우내 땅속에서 어미 젖꼭지 빨며
촉촉한 휘파람 조용히 불어주던 아비 정이 아니라
올챙이는
뱃속에 두고온
다리를 찾아 달리고 있었던 것이다

투명한 헤엄은 올챙이 울음이었다

마음심지 낮추고 보니
개구리는 눈속에 붓다의 염주알 굴리며
올챙이의 무사함을 비는게 보였다

올챙이국수가 되지 말고
제발, 개구리가 되라고

 개구리는 개구리과 동물의 총칭이고, 그 종류는 2,000여 종이 넘는다고 한다. 개구리가 알을 낳는 장소는 논이나 연못처럼 물이 거의 흐르지 않는 곳이며, 개구리 알은 여러 개가 뭉쳐서 수많은 덩어리를 이루고 있다고 할 수가 있다. 알은 둥글고 투명한 우무질에 싸여 있으며, 이 알들은 몇 차례 분열을 한 후 올챙이가 된다. 올챙이는 개구리와 달리 아가미로 호흡을 하며, 다리가 나오고 아가미와 꼬리가 없어지면 땅으로 올라와 개구리가 된다.
 이서빈 시인의 「올챙이를 산란하는 비요일」은 한 폭의 수채화이며, 그 수채화를 그림이 아닌 언어로 표현한 노래라고 할 수가 있다. 시가 그림이 된 것이고, 그림이 노래가 된 것이다. '월화수목금토일'이 아닌 '비요일'은 아주 새롭고 특별한 날인데, 왜냐하면 그날은 "유리창에서 올챙이들이 끊임없이 태어나는" 날이기 때문이다. 비 오는 날은 비요일이 되고, 비요일은 "한 마리 두 마리/ 끝없이 줄지어/ 눈썹 휘날리며 곤두박질치며" "올챙이"들이 태어난다. 올챙이들의 다리는 "뱃속에서 속도를" 굴리고, "볼록한 비밀에 싸여있던/ 앞다리 뒷다리 뽕알 뽕알 뽕알 뽕알/ 우주 깨고 밖으로 나오면/ 전생을 까맣게 잊는 순간이" 다가온다.

이서빈 시인의 상상력에 의해서 「올챙이를 산란하는 비요일」의 언어가 탄생하고, 이 언어에 의해서 그 모든 것들이 새로워진다. 날짜에 없는 비요일이 탄생하고, 유리창의 빗방울들은 수많은 올챙이들이 된다. 이 수많은 올챙이들은 마치 동화 속의 어린 아기들처럼 "뽕알 뽕알 뽕알 뽕알" 엄마의 우주(투명한 우무질)를 깨고, 또다른 우주여행을 시작하게 된다. 논이나 연못 속의 수중생물인 올챙이가 개구리가 된 것이고, 이 개구리는 새로운 우주인 육지동물의 삶을 살게 된 것이다. 하지만, 그러나, 새로운 우주에도 천적인 뱀이 있고, 이 뱀에 의하여 "체온보다 뜨거운 속도로" "거침없이 질주하는 올챙이"의 건강이 확보된다.

　올챙이, 올챙이, 끊임없이 유리창에 부딪치는 빗방울들은 투명한 우무질에 둘러싸인 올챙이가 되고, 그 빗방울들이 산산이 부서지는 모습은 엄마의 "뱃속에 두고 온/ 다리를 찾아 달리고" 있는 올챙이들의 그토록 처절한 변신의 과정과도 같다. 이서빈 시인의 「올챙이를 산란하는 비요일」은 동화적인 색채를 띠고 있는 '성모의 노래'라고 할 수가 있다. 엄마 뱃속의 올챙이들은 모든 근심과 걱정이 없는 어린아기들과도 같지만, 그러나 그 우무질을 뚫고 개구리로 변신을 해야 하는 올챙이는 "붓다의 염주알 굴리며" "올챙이의 무사함을 비는" "엄마의 기도" 없이는 그 기적의 주인공이 될 수가 없다.

　이 세계의 근본관계는 천적과 천적의 관계이며, 이 천적의 관계를 너무 무서하거나 두려워하면 이 세상의 삶이 없게 된다. 올챙이가 '올챙이국수'가 되지 않기 위해서는 달리고, 달리고, 또, 달리지 않으면 안 된다.

길이의 슬픔

이 서 빈

인간 욕망을 재고 있는 자벌레

발끝에서 머리끝까지 둘둘 말린 욕망
몸속 자 다 풀어 재고 또 재고 평생을 잰다

밭고랑 풀보다 수북하게 웃자라는 욕망
자란 평수만큼 그늘은 더 무성무성 짙어진다
우주 몇 바퀴 돌고도 남을
욕망길이 재는 일 자신의 욕망 재는 일인가?

끝을 알 수 없는 욕망터널속에서
욕망 재다가 욕망에 갇혔다

한 치 더 재면 굴러굴러 떨어질 절벽
깨꽃보다 붉게 핀 아찔한 비명
신은 지구별 꽁지에 '멸종' 시치미 달고 욕망은 시치미 뚝 떼고 있다

그 푸르던 지구눈동자 작살 맞은 물고기처럼 심장 움켜쥐고 울부짖자
바다는 핏물 끓이기 시작하고
동 · 식물 배 뒤틀며 하혈한다
경전 목차에도 없는 부고訃告장
달력에 기록하지 못한 나머지 날짜들 수수수 새떼처럼 날아내

린다

> 말라서 토막 난 지구 끌고 가는 개미떼 인광燐光을 뿜어내고
> 종들의 울음소리 삭제되었다 마치 영원히 휴가를 떠나듯
> 드디어, 마침내, 기어이
> 잴 수도 멈출 수도 되돌릴 수도 없는 슬픔의 자벌레

자벌레는 자벌레나방의 애벌레이고, 몸은 가늘고 긴 원통형이다. 앞쪽에는 세 쌍의 발이 있고, 뒤쪽에는 한 쌍의 발이 있다. 움직일 때는 꼬리를 머리쪽으로 오그려 붙이고 몸을 앞으로 펴면서 기어다닌다. 이때의 모습이 자로 재는 것 같다고 하여 자벌레라는 이름을 갖게 되었고, 풀이나 나뭇잎을 먹고 자란다.

꿈이란 무엇인가를 실현시키고 싶은 희망과 이상을 뜻하고, 소망이란 그 주체자가 간절하게 바라고 원하는 것을 뜻한다. 욕망이란 무엇을 하고자 간절하게 원하는 것을 말하고, 욕심이란 어떤 것을 지나치게 탐내고 원하는 것을 말한다. 이 세상의 근본이치가 의식주를 해결하고 아들과 딸들을 낳아 기른 후 그 임무를 마치고 떠나가는 것이라면 꿈이나 소망은 상찬의 대상이며, 우리 인간들 모두가 다같이 그 꿈과 소망에 따라 자기 자신의 행복을 연주해나가고 있다고 할 수가 있다.

하지만, 그러나 욕망과 욕심은 이 세상의 근본이치에 반하여 그 모든 부를 독점하고 인간과 인간, 인간과 동물, 인간과 사물의 질서를 훼손하려는 탐욕을 최고의 미덕으로 삼고 있다고 해도 과언이 아니다. 내가 있고 세계가 있으며, 그 모든 것은 나의 권력에 복종을 해야 하고, 나는 천하의 소유권을 지니고 있다는 망발

이 바로 그것이라고 할 수가 있다. 천자, 천황, 대왕, 대재벌, 억만장자 등이 바로 우리 인간들의 오만방자함과 탐욕의 증표라고 할 수가 있다. 우리 인간들은 선한 것을 욕망하지 않고, 자기 자신의 탐욕을 선이라고 부른다. 오직 자기 자신의 행복을 위하여 만물의 터전인 자연을 파괴하고, 수십 억 명의 가난이나 불행 따위에는 관심조차도 없는 것이 오늘날 자본주의의 진면목이기도 한 것이다.

이서빈 시인의 「길이의 슬픔」은 자벌레의 슬픔이자 이서빈 시인의 슬픔이라고 할 수밖에 없다. 자벌레는 시인이 되고, 시인은 자벌레가 된다. 시인과 자벌레가 자연과 교감하듯이 한몸이 되어 우리 인간들의 욕망을 재고 있는 것이다. 그 옛날의 자벌레의 임무는 매우 간단하고 소박했는데, 왜냐하면 우리 인간들의 꿈이 이 세상에서 먹고 사는 것에서 크게 벗어나지 않았기 때문이다. 물론, 그 옛날에도 천자, 천황, 대왕, 군주, 영주, 수전노, 대호색한 등이 있었지만, 그러나 그들의 수명은 기껏해야 5~60년을 넘지 못했기 때문에 자벌레의 임무는 매우 간단하고 소박할 수밖에 없었던 것이다.

하지만, 그러나 오늘날의 우리 인간들의 욕망은 바벨탑을 뛰어넘어 전지전능한 신의 권위를 짓밟았고, 이 세상의 모든 만물들을 인간의 욕망의 포로로 삼게 되었다. 인간의 수명이 100세를 넘어 500세, 혹은 영생불사의 경지에 도달하게 되었고, 그 결과, 온갖 호화사치품을 생산해내기 위하여 지구촌의 모든 곳을 다 파헤치게 되었다고 해도 과언이 아니다. "발끝에서 머리끝까지 둘둘 말린 욕망"은 끝이 없고, "몸속 자 다 풀어 재고 또 재도" 평생다 잴 수도 없다. 날이면 날마다 우리 인간들의 욕망은 "밭고랑 풀보다 수북하게 웃자라고", "자란 평수만큼 그늘은 더욱더 무성무성"하게 짙어진다. "우주 몇 바퀴 돌고도 남을" "끝을 알 수 없는 욕망의 터널 속에서" 우리 인간들의 욕망을 재다가 그 욕망의 터널 속에 갇힌 것이다.

 그 옛날의 자벌레는 신의 대리인이었지만, 그러나 오늘날의 자벌레는 우리 인간들의 욕망의 포로에 지나지 않는다. "한 치 더 재면 굴러굴러 떨어질 아찔한 절벽"에서 "깨꽃보다 붉게 핀 아찔한 비명"을 듣고, 전지전능한 신은 "지구별 꽁지에 멸종"이라는 "시치미"를 달았지만, 이 세상과 모든 만물들이 다 망하더라도 탐욕에 눈이 먼 인간들은 그 "시치미"를 뚝 떼고 모른 척 한다. "그 푸르던 지구눈동자 작살 맞은 물고기처럼 심장을" 움켜쥐고 울부짖어도 시치미를 뚝 떼고, 모든 동식물들이 배를 뒤틀며 하혈을 해도 시치미를 뚝 뗀다. 욕망, 즉, 탐욕에 눈이 멀면 백치가 되고, 경전에도 없는 부고장이 날아들어도 그것을 모르고, 또한, "달력에 기록하지 못한" 최후의 날이 "수수수 새떼처럼" 날아내려도 그것을 모른다. 바로 이것이 오늘날 교육열 세계 최고가 문맹률 세계 최고로 둔갑하는 백치의 역사라고 할 수가 있는 것이다.

 이서빈 시인의 「길이의 슬픔」은 '인문주의의 파산선고'이자 '인간이라는 종의 멸망신고'라고 할 수가 있다. 탐욕의 길은 오솔길도 없고, 쥐구멍도 없고, 그 어떠한 탈출구도 없다. "말라서 토막난 지구"를 끌고 가는 개미떼가 그 인광燐光을 뿜어내고, 모든 종들의 울음소리는 이미 삭제되었다. "마치 영원히 휴가를 떠나듯/ 드디어, 마침내, 기어이/ 잴 수도 멈출 수도 되돌릴 수도 없는 슬품의 자벌레"—.

 슬픔의 자벌레는 이서빈 시인이 되고, 이서빈 시인은 슬픔의 자벌레가 되어 대성통곡을 한다. 과연, 탐욕이 최고의 미덕이 되는 시대에 서정시인이 그 무엇을 할 수가 있단 말인가?

 시도 없고, 노래도 없고, 사랑도 없다.

 탐욕의 포로인 자벌레, 「길이의 슬픔」은 서정시인의 슬픔이 되고, 그 어떤 도피처도 없는 최후의 단말마의 비명이라고 하지 않을 수가 없다.

 자본가는 서정시인의 목을 비틀고, 돈은 서정시의 시뻘건 피를 빨아먹는다.

지렁이 하혈하는 밤

이 서 빈

여보게
지렁이 흐느끼는 소리 들리지 않는가

죽은 지렁이 혼 땅에 내려앉지 못하고
산허리 강발치 자욱한 안개로 떠돌고 있네

세상 불 켜지고 꺼지는 일, 모두 지렁이 환영幻影일세

징그러운 몸뚱이라 희롱하지 말게
죽은 영혼에 쌀 한 숟가락 넣어주듯
종種 영혼 한 톨 부활 위해
밖을 숨기고 흰배로 중력을 걷어내며
꿈ㅅ 틀ㅅ 꿈ㅅ 틀, 제 안의 온도 이식하는 것 좀 보게

누가 자신의 몸 저 지렁이인 줄 알겠는가

살충제 먹은 지렁이 하혈소리 지구를 적시고
속이 타 땅위로 올라오다 땡볕에 녹아
여기저기 시체 끌고 가는 불개미 운구 행렬 보이지 않는가
마당 한 쪽 흙, 흑흑 바싹 말라 푸석한 지렁이 눈물소리
그건 세상에 위험이 급물살로 달려오고 있다 위급 알리는 통곡일세

만물의 영장 인간 파릇파릇 숲

모든 생명체는 우리가 살아보지 못한 모퉁이 안쪽에서
지렁이가 종야終夜 토해낸 눈물 한 점일 뿐이란 걸
자네는 아는가!

 숲은 이산화탄소를 들이마시고 산소를 토해낸다. 모든 동물들은 산소를 들이마시고, 이산화탄소를 뱉어낸다. 이처럼 대자연은 상호 보완적인 공생의 관계 속에서 만물의 공동 터전이 된 것이다. 자연이란 인간이나 그 어떤 신의 힘으로도 어찌할 수 없는 우주적인 질서라고 할 수가 있다. 자연은 거대한 그물망처럼 점 조직으로 짜여져 있으며, 하나의 점들이 모여 선을 이룬다. 이 선과 선들이 면을 이루고, 이 면들이 입체를 이루고, 이 입체와 입체들이 대자연의 우주가 된다. 대자연에는 어느 것 하나 우연히 존재하는 것도 없고, 어느 것 하나 더 하거나 뺄것도 없다. 물과 불과 바람과 흙의 균형과 조화, 산과 강과 바다와 들과의 균형과 조화, 태양과 달과 별과 은하계와의 균형과 조화, 산소와 이탄화탄소와 수소와 음과 양 등의 균형과 조화를 생각해보면 대자연은 너무나도 완벽하고 경이로운 체계와 질서로 구축되어 있다는 것을 알 수가 있다.
 빙하기에는 수많은 탄소들이 지하에 매장되어 있었고, 그래서 바다의 수위가 오늘날 보다 120m나 낮았다고 한다. 동식물들의 사체에 지나지 않는 화석연료를 너무나도 많이 채굴해낸 결과, 오늘날에는 남, 북극의 빙하들이 다 녹아내리고, 지구는 점점 더 더워지고 있는 것이다. 오늘날의 지구촌의 위기는 화석연료, 즉, 에너지 과다 사용의 위기이며, 자연의 법칙에 도전한 우리 인간들의 만행 때문이라고 할 수가 있다. 인간은 본래 어느 악마보다도 더 월등하게 악질적인 악마이며, 자연의 법칙을 이해하지 못하는 돌대가리 중의 돌대가리들이라고 할 수가 있다. 자연이 거대한 그물망처럼 점조직으로 구성되어 있다는 것도 알고 있고, 그 모든 것이 균형과 조화 속에서 존재하고, 따라서 자연은 만물의 터전이라는 것도 알고 있다. 하지만, 그러나 인간이 만물의 영장이라고 자처하는 순간, 우리 인간들은 모든 동식물들과 함께, 지구촌 대참사라는 '지옥행 급행열차'를 타게 된 것이다. 만일, 호랑이와 곰들에게 총과 칼을 쥐어준다면 두 눈 하나 깜빡하지 않고, 종의 균형과 자연보호 차원에서 지구촌 인구의 60억 명 정도는 다 죽여버릴 것이다. 모든 동식물들이 '대자연 만세'를 부르고, 너도 나도 춤을 추며, 더없이 기뻐하고 감격의 눈물을 흘리게 될 것이다.

이서빈 시인의 「지렁이 하혈하는 밤」은 그가 이끌고 있는 '남과 다른 시쓰기 동인' 시집, 『함께, 울컥』에 수록되어 있는 시라고 할 수가 있다. "여기 열다섯 명의 시인이/ 앓고 있는 지구의/ 말을 번역했다", "지구의 신음을 찍어 한 자 한 자 시를 엮었다", "지구는 한 번도 인간을 헤친 적 없고/ 인간은 한 번도 지구를 떠나서 산 적 없다", "동물의 숨소리 식물의 숨소리가/ 봄을 뚫고 튀어나와/ 싱싱해 지는 그날까지/ 우리는/ 생태계를 새파랗게 키워낼 것이다."(이서빈, 『함께, 울컥』, 머릿말)

지렁이는 빈모강에 속하는 환형동물이며, 습기와 유기물이 충분한 토양에서 산다. 대부분 토양의 표면에서 살지만, 추운 겨울에는 약 2m의 굴을 파고 들어가고, 몸길이는 약 10cm 정도이며, 체절로 나누어져 있다고 한다. 무엇을 보거나 들을 수도 없고, 빛과 진동에 민감하며, 부패한 생물체를 먹고 살아간다. 지렁이는 토양에 공기를 유통시키고, 배수를 촉진시킨다. 유기물질을 빠르게 분해하여 영양이 풍부한 물질을 제공해주고, 또한, 수많은 어류들의 미끼로 사용되기도 한다.

이서빈 시인의 「지렁이 하혈하는 밤」은 생태환경 측면에서 자연과 교감하며, 지렁이 한 마리의 흐느낌에서 지구촌의 신음소리를 듣는 시인만이 쓸 수 있는 시라고 할 수가 있다. "여보게/ 지렁이 흐느끼는 소리 들리지 않는가"라는 시구는 지렁이를 하찮은 미물이라고 폄하하는 우리 인간들의 마비된 의식을 일깨우고, "죽은 지렁이 혼 땅에 내려앉지 못하고/ 산허리 강발치 자욱한 안개로 떠돌고 있네"라는 시구는 죽어서도 정처없이 떠도는 지렁이의 너무나도 안타까운 비명횡사를 말해준다. 이 세상에 "불 켜지고 꺼지는 일"은 모두가 "지렁이 환영幻影"이며, 이 세상의 지렁이가 사라지면 모든 동식물들이 다 사라진다는 것을 뜻한다. 어느 누가 감히 지렁이를 징그러운 몸뚱이라고 희롱할 수가 있겠으며, 어느 누가 "죽은 영혼에 쌀 한 숟가락 넣어주듯/ 종種 영혼 한 톨 부활 위해/ 밖을 숨기고 흰배로 중력을 걷어내며/ 꿈스 틀스 꿈스 틀, 제 안의 온도 이식하는" 지렁이의 삶의 철학과 그 예술 앞에 경의를 표하지 않을 수가 있겠는가?

하지만, 그러나 우리 인간들의 탐욕과 만행에 의해 "살충제 먹은 지렁이 하혈소리 지구를 적시고/ 속이 타 땅위로 올라오다 땡볕에 녹아/ 여기저기 시체 끌고 가는 불개미 운구 행렬"을 보게 된다. 요컨대 이서빈 시인과 지렁이는 둘이 아닌 하나이며, 나는 그 지렁이와 함께 피를 토하듯이 한 자, 한 자 온몸으로 시를 쓰고 있는 것이다. 이서빈 시인의 「지렁이 하혈하는 밤」은 검은 잉크로 쓰지 않고 붉디 붉은 피로 쓴 시이며, 또한, 그 시는 손으로 쓰지 않고, 지렁이처럼 "꿈ㅡ틀ㅡ꿈ㅡ틀" 온몸으로 쓴 것이다.

마당 한쪽의 흙이 바싹 말라가면 흑흑하는 지렁이의 눈물소리가 들려오고, 지렁이의 눈물소리가 들려오면 그것은 세상의 위급을 알리는 통곡소리가 된다. 만물의 영장인 인간은 파릇파릇한 숲만을 보지, 이 파릇파릇한 숲이 "우리가 살아보지 못한 모퉁이 안쪽에서/ 지렁이가 종야終夜 토해낸 눈물 한 점"의 소산이라는 것을 모른다. 부분은 전체와 관련이 있고, 전체는 부분과 관련이 있듯이, 지렁이 한 마리의 힘이 모든 생명체를 다 먹여 살리고 있는 것이다.

「지렁이 하혈하는 밤」은 '남과 다른 시쓰기 동인들'과 이서빈 시인이 하혈하는 밤이며, 대자연의 푸른 숲과 모든 생명체들이 다 죽어가는 밤이라고 할 수가 있다. 인간의 탐욕이 만물의 영장이라는 특권으로 포장되고, 만물의 영장이라는 특권이 '돌대가리 중의 돌대가리들'인 악마들의 잔혹극으로 이어지고 있는 것이다.

아아, 이서빈 시인이여, '남과 다른 시쓰기 동인들'이여, 우리가 어떻게 "동물의 숨소리 식물의 숨소리가/ 봄을 뚫고 튀어나와/ 싱싱해 지는 그날까지/ 우리는/ 생태계를 새파랗게 키워낼" 수가 있단 말인가?

악마들이 더 많은 특권과 더 많은 돈을 벌기 위해 모든 생태환경을 다 파헤치고 저렇게 지랄발광을 하고 있는 이 시대에ㅡ.

한바탕 일기

이 서 빈

　한낮, 원두막이 걸음을 당겨 앉힌다
　바람이 들락날락 땀 식혀주고 매미소리 장대비로 쏟아져 강물로 출렁인다
　휘파람새가 새털구름 한 조각 나무우듬지에 건다, 구름그늘 당겨 잠을 이식한다

　잠자리 한 마리
　내 입술에 내려앉는다
　저 빨강, 저 빨강궁둥일
　내 입술에
　닿았다떼었다

　이 멀건 대낮에
　기이한 몸짓으로 유혹한다
　뭘 어쩌
　어쩌라는 말인가

　모르는 척 잠든 척
　눈도 뜨지 못하고
　잠자리와 잠자리를 한
　무방비로 당한 하루

　실눈 뜨고 고추밭을 본다, 햇빛물고기 파닥파닥 알몸으로 뛰논다
　바짝 약 오른 고추 빳빳이 발기한다

고추잠자리도 고추도 홀딱 벗고
그짓이 한창이다, 벌건 대낮에,

파랗게 우는 암고양이 울음에 감자꽃이 하얗게 진다

반쪽 비명이 한바탕 쓸고 간 고추밭
붉으락푸르락 하던 고추와 눈 뒤집힌 잠자리 고추가
일시에 새빨갛게 익는다
치명적 오후, 젊은그늘이 축 늘어졌다

　모든 욕망은 성욕이며, 이 성욕 앞에서는 물욕과 권력욕과 명예욕마저도 한낱 어릿광대의 망상에 지나지 않는다. 성욕은 종족의 명령이며, 물욕과 권력욕과 명예욕마저도 보다 나은 후손들을 남기기 위한 성욕의 다른 모습에 지나지 않는다. 에로스(종족의 신)는 언제, 어느 때나 영원한 청년의 얼굴을 하고 있으며, 이 세상에서 에로스보다 더 사나운 폭군은 없다. 에로스의 화살을 맞게 되면 연애, 결혼, 불륜, 배신, 사기, 강간, 매춘, 살인 등, 그 어떤 짓도 다 하게 되고, 그 주체자는 수치심이 없게 된다. 양귀비, 서희, 황진이, 클레오파트라, 헬렌, 진시황, 알렉산더 대왕, 나폴레옹 황제, 돈쥬앙, 파리스 등의 주색잡기는 전지전능한 신들마저도 용서를 하게 될 것이고, 이 선남선녀들이 바람을 피우지 않는다면 이 세상의 삶은 그 어떤 의미도 없게 될 것이다. 만일, 이 세상의 선남선녀들의 세기말적인 불륜이 없다면 영화, 연극, 드라마, 문학, 예술 등이 어떻게 가능하고, 또한, 이 세상의 선남선녀들의 세기말적인 불륜이 없다면 정치, 경제, 학문, 스포츠, 오락, 관광산업 등이 어떻게 가능하겠는가?

모든 욕망이 성욕이라면 생식기는 성욕의 꽃이고, 아들과 딸들은 그 꽃의 열매라고 할 수가 있다. 그토록 오랜 시간 동안 모천으로 돌아와 산란을 하고 죽어가는 연어들의 일생은 모든 것을 다 주고 떠나가는 우리 인간들과 조금도 다를 것이 없고, 꽃을 피우면 열매를 맺고 죽어가는 일년생 풀들의 일생 역시도 생식기능의 상실과 함께, 이 세상의 삶을 끝내는 호랑이와 조금도 다를 것이 없다. 요컨대 종족의 명령은 어느 누구도 거부할 수 없는 절대적 명령이며, 이서빈 시인의「한바탕 일기」와도 같은 것이다. 돈(물질)도 성욕의 꽃이고, 권력도 성욕의 꽃이다. 명예도 성욕의 꽃이고, 건강도 성욕의 꽃이다. 성욕은 이 세상에서 가장 아름다운 꽃이고, 돈과 명예와 권력과 건강의 향기 앞에서 제정신을 차릴 수 있는 사람은 아무도 없다. 용기는 하늘을 찌르고, 오직 단 한순간의 향연(절정)을 위하여 자기 자신의 목숨을 바친다.

때는 한 여름의 대낮이고, 원두막이 걸음을 당겨 앉으면 바람이 들락날락 땀을 식혀준다. 매미 소리가 장대비처럼 쏟아지면 강물이 출렁거리고, 휘파람새가 새털구름 한 조각을 나무우듬지에 걸면 구름그늘을 당겨 잠을 청한다. 이서빈 시인의「한바탕 일기」의 주제는 성의 향연이며, 그 무대는 원두막이고, 이 원두막에서 성의 향연의 주인공인 이서빈 시인은 그의 입맛대로 일인다역의 모노드라마를 펼쳐 나간다. 관점은 전지적 관점이고, 이 전지적 관점에 따라 원두막과 바람과 매미소리와 그 모든 배우들이 살아 움직이게 된다.

잠자리 한 마리 내 입술에 내려 앉고, 그 빨간궁둥일 닿았다떼었다 한다. 잠자리는 성의 향연의 침대와도 같고, 이 세상에서 가장 아름답고 멋진 궁둥이를 지닌 잠자리는 '사람꽃'인 시인과 이종교배를 시도한다. 이 멀건 대낮에 그 기이한 몸짓으로 시인을 유혹하고, 너무나도 황홀하고 기분이 좋아진 시인은 "뭘 어쩌/ 어쩌라는 말인가"라고 은근슬쩍 시치미를 뗀다. "모르는 척 잠든 척/ 눈도 뜨지 못하고" 강간 아닌 화간을 즐기며, "잠자리와 잠자리를 한/ 무방비로 당한 하루"라고 능청을 떨어댄다.

이 세상에서 가장 아름답고 예쁜 얼굴은 꽃 핀 얼굴이며, 그 얼굴들은 최고급의 '성의 향연' 속에서 꽃 피어난다. 이 세상의 삶의 고통과 그 모든 어려움을 다 극복해낸 얼굴, 자기 자신의 행복과 종의 건강이 약속된 얼굴, 이 삶의 절정에서 이서빈 시인은 더욱 더 과감하게 성의 향연, 즉,「한바탕 일기」를 써나간다. 만족하면 이 세상의 모든 것이 약속되어 있듯이, 그 모든 것이 역동적이고 거침이 없다. 실눈 뜨고 고추밭을 보면 햇빛물고기 파닥파닥 알몸으로 뛰어놀고, 바짝 약이 오른 고추는 빳빳하게 발기한다. 한 여름의 멀건 대낮에, "고추잠자리도 고추도 홀딱 벗고/ 그짓이 한창"이고, "파랗게 우는 암고양이 울음에 감자꽃이 하얗게 진다."

동종과 이종, 인간과 바람, 매미와 장대비, 휘파람새와 새털구름, 시인과 고추잠자리, 고추와 햇빛물고기 등의 너무나도 거칠고 힘찬 비명이 한바탕 쓸고 간 고추밭, "붉으락푸르락 하던 고추의 눈 뒤집힌 잠사리 고추가/ 일시에 새빨갛게 익는다."

치명적 오후, 젊은 그늘이 축 늘어졌다. 성의 향연은 짧고, 이서빈 시인의「한바탕 일기」의 대단원의 막이 내린다.

한바탕의 일기, 한바탕의 성의 향연(한바탕의 자연의 성교)―.

개체는 생멸을 거듭하지만, 종은 영원하다.

개복숭아꽃

이 서 빈

어느 생에선가 나는
너를 짝사랑 한 것이 분명하다

심장에서 꺼낸 휘파람으로 너의 집 울타리를 넘어가
불러보다가 혼자 타오르다가
눈썹 하나 까딱않는
너의 집앞을
왔다가 갔다가 서성이다가
문 한 번 두드리지 못하고 돌아와
애먼 개살구꽃잎만 똑똑 따던

너는 알지 못하겠지만
지금도 내 심장은 개복숭아빛이다
잘 쪼개지지 않는 너의 가슴을 못 열어
벌레먹은 심장은 상처가 아물지 않아
매일 심쿵심쿵 주먹질한다

육시랄,
그놈의 짝사랑 언제나 끝날지
아직도 봄마다 눈알을 알알붉붉 찔러대며
심장을 날뛰게 만드는
너는 분명 어느 생에선가
내 젊은 봄날을
붉게 물들였던 짝사랑이였던 게 분명하다

우리 한국어 중에서 '개'라는 말은 그것이 명사이거나 접두사이거나 간에 나쁜 뜻으로 쓰인다고 할 수가 있다. 명사인 '개'는 포유류 갯과의 동물이지만, 성질이 사납고 행실이 못된 사람을 뜻하고, 다른 한편, 최고의 권력자나 나쁜 사람의 앞잡이를 뜻하며, 개백정, 개망나니, 개차반 등이 그것을 말해준다. '개'라는 말이 일부 식물의 앞에 붙을 때는 개살구, 개복숭아, 개당귀, 개두릅 등에서처럼 '야생의', 또는 '질이 떨어지는'의 뜻으로 쓰이기도 하고, '개고생'이라는 말처럼 추상적인 명사 앞에 붙어 '헛된', '쓸데없는'의 뜻으로 쓰이기도 한다. 대부분의 '개'라는 말은 참된 것과는 정반대로 쓰이며, 그것은 사물의 본질이나 도덕과 정의를 나타내기 보다는 그것을 훼손하고 모든 것을 엉망진창으로 만드는 뜻으로 사용된다. 정의에 살고 정의에 죽는 인간이 개백정, 개망나니, 개차반이 될 수는 없고, 사물의 참된 본질을 간직하고 널리 이롭게 쓰이는 식물이 개살구, 개복숭아, 개당귀, 개두릅이 될 수는 없으며, 고생 끝의 행복이 찾아오거나 그 어떠한 성공보다도 더욱더 아름다운 실패를 '개고생'이라고 평가할 수는 없는 것이다.

개복숭아는 장미과에 속하는 과수이며, 산간지역에 자생하는 야생의 복숭아를 말하고, 개복숭아의 열매가 익는 시기는 8~9월의 상순으로 황도와 백도와는 달리 크기도 작고 신맛이 강하다고 할 수가 있다. 이 과육이 작고 떫고 신맛이 강한 개복숭아는 대부분의 사람들이 먹지를 않았지만, 그러나 이 개복숭아에 유기산, 알코올류, 팩틴 등의 섬유질이 풍부하고, 다른 한편, 기침과 천식은 물론, 몸속 노폐물과 니코틴 배출에 도움이 되는 것으로 알려져 있기 때문에 오늘날에는 농가의 소득증대에 기여를 하고 있다고 한다.

'참'은 올바르고 도덕적인 선에 맞닿아 있고, '개'는 더럽고 도덕적인 '악'에 맞닿아 있다. 하지만, 그러나 이 '선악의 가치기준표'는 매우 자의적인 것이며, 그것은 특정한 환경과 풍습의 미덕 아래 일면적인 진실만을 가리킨다. 오늘날의 개복숭아와 개당귀의 효능처럼 '개'라는 말이 '참'이라는 말을 발밑으로 깔아뭉개버리고, 도덕적인 선의 고지를 점령할 수도 있고, 최하천민의 주경야독의 개고생이 그 어떤 참된 고생보다도 더 나은 성과로 나타날 수도 있다.

이서빈 시인의 「개복숭아꽃」은 과연 무엇을 지시하며, 그것은 어떠한 의미를 지니고 있는 것일까? 첫 번째는 장미과의 야생의 개복숭아를 뜻하고, 두 번째는 이루어질 수 없는 짝사랑, 즉, 개복숭아를 뜻하며, 마지막으로 세 번째는 "너는 알지 못하겠지만/ 지금도 내 심장은 개복숭아빛이다"라는 시구에서처럼, 그 어떤 참복숭아보다도 더욱더 순수하고 깨끗한 참사랑을 뜻한다. "어느 생에선가 나는" 개복숭아를 짝사랑한 것이고, "심장에서 꺼낸 휘파람으로 너의 집 울타리를 넘어가/ 불러보다가 혼자 타오르다가/ 눈썹 하나 까딱않는/ 너의 집앞을/ 왔다가 갔다가 서성이다가/ 문 한 번 두드리지 못하고 돌아와/ 애먼 개살구꽃잎만 똑똑 따던" 날들이 있었던 것이다. 짝사랑은 상대가 외면하는 사랑이고 혼자만이 불타는 사랑이며, 그것은 이루어질 수 없는 사랑이다. 심장에서 꺼낸 휘파람으로 너의 집 울타리를 넘어가 불러봐도 눈썹 하나 까딱않는 사랑, 너의 집을 왔다가 갔다가 서성이다가 문 한 번 두드리지 못하고 애먼 개살구꽃잎만 똑똑 따던 사랑ㅡ. 이처럼 짝사랑은 혼자만이 불타는 사랑이며, 미치광이의 사랑이고, 그 어느 것도 얻을 수 없는 사랑에 지나지 않는다.

하지만, 그러나 이서빈 시인은 "육시랄/ 그놈의 짝사랑 언제나 끝날지/ 아직도 봄마다 눈알을 알알붉붉 찔러대며/ 심장을 날뛰게 만드는"이라는 시구에서처럼, 왜, 그렇게 짝사랑을 잊지 못하며, "너는 알지 못하겠지만/ 지금도 내 심장은 개복숭아빛이다"라고 찾아 헤매고 있는 것일까? 아마도 그것은 짝사랑에 대한 그의 집념의 강도 탓이겠지만, 그의 언어는 너무나도 도발적이고 가치전복적이며, 대폭발 직전이라고 할 수가 있다. 개복숭아는 참복숭아와는 다른 나쁜 것이며, '육시랄'은 몸을 여섯 토막으로 자른다는 뜻으로 더욱더 고약하고 몹쓸 사건을 지시하고 있다고 해도 과언이 아니다. 그렇다. 짝사랑은 개복숭아에 대한 사랑이며, 그 언제 끝날지도 모를 "내 젊은 봄날을/ 붉게 물들였던" "육시랄 사랑"이었던 것이다.

이서빈 시인의 「개복숭아꽃」은 그의 짝사랑의 객관적 상관물이며, 그는 개복숭아를 위해 살고 개복숭아를 위해 죽겠다는 이상적인 신념을 노래하고 있는 것이라고 할 수가 있다. 만일, 그렇다면 그는 자기 자신의 짝사랑을 「개복숭아꽃」으로 표현함으로써 오늘날의 개복숭아의 효능처럼 더욱더 그의 순수하고 깨끗한 사랑을 강조하고 싶었던 것이 아닐까? 그러니까 그의 「개복숭아꽃」은 참사랑의 다른 표현이며, 그의 도발적이고 폭발 직전의 언어는 이루어질 수 없는 짝사랑, 즉, 그 이상적인 사랑에 대한 반어라고 할 수가 있는 것이다. 개복숭아의 '개'는 참복숭아의 그것이 되고, 그의 짝사랑은 더없이 순수하고 이상적인 사랑이 된다. 도화꽃 만발한 봄날, 나는 나의 참사랑을 찾아 나섰던 것이고, 아직도 나는 그 참사랑을 만나지 못한 것이다. 이 참사랑, 즉, 이루어질 수 없는 사랑에 대한 분노가 자기 자신의 사랑을 개복숭아꽃으로 표현한 것이지만, 그러나 개복숭아빛 심장으로 뛰고 있는 내 참사랑은 아직도 봄마다 눈알을 알알붉붉 찔러대며, 온 산천을 더욱더 붉디 붉게 물들이고 있는 것이다.

이서빈 시인의 「개복숭아꽃」은 짝사랑이 아닌 이상적인 사랑이며, 이루어질 수 없기 때문에 너무나도 고귀하고 거룩한 참사랑이었던 것이다.

이서빈 시인의 시는 대단히 역사 철학적인 사유의 산물이며, 이 역사 철학적인 사유가 그의 열정과 만나 만인의 심금을 울릴 수 있는 꽃으로 피어난 것이다. 꽃은 아름다움의 진수이며, 꽃은 인간의 이성 이전에 인간의 마음을 사로잡으며, 그 정서적 충격을 천리, 만리 울려 퍼지게 만든다. 개복숭아꽃이 참복숭아꽃이 되고, 짝사랑이 이상적인 사랑으로 승화되는 이서빈 시인의 시는 그만큼 그의 최고급의 인식의 제전의 산물이라고 할 수가 있다.

이 서 빈

이서빈 시인은 경북 영주에서 태어났고, 한국방송통신대학교 국어국문학과를 졸업했다. 2014년 《동아일보》 신춘문예로 등단했고, 민조시집 『저토록 완연한 뒷모습』 이외에도 첫 번째 시집 『달의 이동 경로』와 두 번째 시집 『함께, 울컥』을 출간한 바가 있다. 첫번째 시집인 『달의 이동 경로』가 '오체투지의 시학'이라면 두 번째 시집인 『함께, 울컥』은 그 깨달음을 통한 실천철학, 즉, '대화엄의 세계'라고 할 수가 있다.

아는 것은 좋아하는 것만 못하고, 좋아하는 것은 즐기는 것만 못하다(공자). 이론철학과 실천철학을 변증법적으로 결합시킨 결과가 이서빈 시인의 세 번째 시집인 『올챙이를 산란하는 비요일』의 세계라고 할 수가 있다. 엄마 뱃속의 올챙이들은 모든 근심과 걱정이 없는 어린아기들과도 같지만, 그러나 그 우무질을 뚫고 개구리로 변신을 해야 하는 올챙이는 "붓다의 염주알 굴리며" "올챙이의 무사함을 비는" "엄마의 기도" 없이 그 기적의 주인공이 될 수가 없다. 이서빈 시인의 『올챙이를 산란하는 비요일』은 동화적인 색채를 띠고 있는 '성모의 노래'라고 할 수가 있지만, 이서빈 시인이 그의 제자들과 함께 여섯 권의 환경시집을 출간한 만큼, 이 '지구촌 환경 지킴이의 노래'라고 할 수가 있다. 『함께, 울컥』, 『길이의 슬픔』, 『새파랗게 운다』, 『덜컥, 서늘해지다』, 『따끔따끔, 슬픔요일』, 『그러니까, 그 무렵』 등의 세계 최고의 환경시집들이 그것이며, 이서빈 시인은 대한민국의 역사상 가장 탁월하고 역사 철학적인 지식으로 무장을 하고, 한국문학의 세계화를 위해 모든 열정을 다 쏟아 붓고 있는 것이다. 모든 제일급의 시인들은 너무나도 분명한 목표를 갖고 있으며, 단 한 걸음도 생략할 수 없는 발걸음으로 그 목표를 향해서 전진을 하고, 또 전진을 한다.

이메일 happyjy8901@hanmail.net

이서빈 시집
올챙이를 산란하는 비요일

발 행	2025년 11월 20일
지은이	이서빈
펴낸이	반송림
편집디자인	반송림
펴낸곳	도서출판 지혜
주 소	34624 대전광역시 동구 태전로 57(삼성동), 2층 도서출판 지혜
전 화	042-625-1140
팩 스	042-627-1140
전자우편	eji@ji-hye.com
	ejisarang@hanmail.net
애지카페	cafe.daum.net/ejiliterature

ISBN   979-11-5728-596-9   03810
값   13,000원

이 책의 판권은 지은이와 도서출판 지혜에 있습니다.
양측의 서면 동의 없는 무단 전재 및 복제를 금합니다.

* 이 책은 '문화예술인 복지재단'의 지원금을 받아 출간하였습니다.